イギリス住宅政策と非営利組織

堀田祐三子

日本経済評論社

まえがき

　住宅問題と住宅政策は，日本を含む先進諸国において，世紀の転換点をまたいで新たな局面を迎えつつあるように見える．住宅先進国のイギリスもまたその例外ではなく，むしろ変化はいっそうドラスチックである．本書は，イギリスの住宅問題と住宅政策を対象とし，とりわけイギリスの非営利住宅供給組織であるハウジング・アソシエーションに焦点を当てることによって，こうした局面転換の実態とその意義を解明することを意図している．

　イギリスでは，第2次世界大戦後，福祉国家体制の下で公営住宅の供給を進めてきたが，20世紀の最後の四半世紀，とくに1980年代以降新自由主義的アプローチを採用するようになり，持家取得の促進や公営住宅制度の解体など住宅供給の市場化が顕著となった．ところが，そのことが昨今新しい住宅諸問題を生み出し，その限りで新自由主義的市場化の限界を顕在化させている．

　イギリスの住宅政策をめぐっては——日本でもまた同様の傾向が認められるが——，住宅供給の担い手は市場か公共かという伝統的な対立の構図があった．そこでは，市場化に対するカウンターパートは，地方自治体による直接供給であるとされてきた．しかし，時代の変遷とともに住宅問題も多様化し，必ずしも市場対公共という構図では，問題を解決に導き得ない状況が生まれている．それに伴って，市場化によって生じた矛盾を解消する公的介入の手法は，地方自治体による直接供給から，市場における制度整備などを通じて民間供給を誘導・活用する間接的形態へとシフトしてきた．

　イギリスでは今，この公共と民間の役割の再編が非営利組織への政策的テコ入れを中心に進められている．これまでイギリスでは，ドイツやフランスなどヨーロッパ大陸の先進諸国と比較して，非営利組織による住宅供給は非

常に限られたものであった．公的直接供給が支配的であり，そのあり方に関心が集まる反面，非営利組織の存在やその活動に対する支援にはほとんど関心が払われてこなかった．ところが，こうした状況が，大きく転換しようとしているのである．したがって，この間のイギリスの住宅問題・住宅政策転換の実態と意義を認識するためには，非営利組織の分析が決定的に重要であると考えられる．

　本書は，こうした課題に迫るため，イギリスの非営利組織の歴史的な展開過程をも含めてその全体像を把握し，その視角から住宅問題・住宅政策の新局面を論じている．著者の力量不足からくる分析の不十分さは免れ得ないものとはいえ，多少とも包括的なイギリスの非営利組織研究の書としては，本邦初の試みであろう．

　また，住宅供給の市場化トレンドは，本書が対象としたイギリスにとどまらず，日本を含めた先進資本主義諸国に共通する傾向である．異なるのは各国の諸事情に起因するその形態である．その意味で，本書が検証したイギリスの問題状況は，日本の住宅政策を考える際にも少なからず示唆的であるはずである．「生活小国」のシンボルとも言える日本の貧困な住宅事情の改善を志し，そこでの住宅政策のあり方に関心を抱く多くの人々に，本書が多少なりとも役に立つことができれば幸いである．

　　2004年11月

　　　　　　　　　　　　紅葉に彩られた神戸六甲山麓の研究室にて

　　　　　　　　　　　　　　　　　　　　　　　著　　者

目　次

まえがき
略語一覧

序章　本書の課題と構成 …………………………………………… 1

第1章　非営利組織による住宅供給の起源 ……………………… 9

　第1節　住宅政策の黎明　9
　第2節　非営利組織による住宅供給の諸形態　11
　　（1）救貧院と慈善事業トラスト　12
　　（2）モデル住宅会社　14
　　（3）オクタビア・ヒルの活動　15
　　（4）コ・パートナーシップ・ソサイエティ　16
　　（5）工業村の展開　17
　第3節　初期の住宅供給活動　19
　　（1）活動促進の支援　19
　　（2）住宅供給の達成度　20
　　（3）戦時下の活動　21

第2章　公営住宅モノポリー期と非営利組織 …………………… 25

　第1節　公営住宅の台頭と非営利組織の発展　26
　　（1）1919年住宅・都市計画法　26
　　（2）家賃統制の影響　28
　　（3）チェンバレン法とウィトリー法　29

　　　　(4)　厳しい活動状況　31
　　　　(5)　住宅建設ブームとスラム・クリアランス　33
　　　　(6)　非営利組織の叢生　36
　　　　(7)　非営利組織全国連合の結成　38
　　第2節　公営住宅と持家の狭間で　40
　　　　(1)　公営住宅の大量供給　40
　　　　(2)　民間住宅市場の動向　43
　　　　(3)　ハウジング・アソシエーションの活路　46
　　　　(4)　成長を支えた要因　48

第3章　ハウジング・アソシエーションの胎動期　55
　　第1節　ハウジング・アソシエーションへの期待の高まり　55
　　　　(1)　経済の低迷と財政改革　55
　　　　(2)　住宅政策への巻き込み　57
　　第2節　購入権政策とハウジング・アソシエーション　60
　　　　(1)　サッチャー政権の誕生　60
　　　　(2)　購入権政策による公営住宅システムの解体化　63
　　　　(3)　持家の普及　66
　　　　(4)　民間賃貸住宅セクターの沈滞と再興策　68
　　　　(5)　ハウジング・アソシエーションの軽視　69

第4章　公営住宅から社会住宅へ　73
　　第1節　新たな住宅問題　73
　　第2節　賃貸住宅政策の再編　78
　　　　(1)　背　　景　78
　　　　(2)　賃貸市場活性化政策とその失敗　80
　　　　(3)　新たな公営住宅システムの解体化策　83
　　第3節　ハウジング・アソシエーションの活動環境の改変　87

    (1)　混合融資と補助金制度の改変　87
    (2)　家賃制度の改変　89
  第4節　市場化の限界：社会住宅への転換　90

第5章　ハウジング・アソシエーションの活動の多様化　95

  第1節　活動の多様性　95
    (1)　住宅供給・管理活動の新たな展開　96
    (2)　新たな活動への着手　99
  第2節　活動の多様化の背景　103
  第3節　都市再生事業の影響　105
  第4節　ハウジング・プラス　110
  第5節　多様化の意味　114

第6章　公営住宅移管とハウジング・アソシエーション　117

  第1節　公営住宅移管事業の展開　118
    (1)　公営住宅移管事業の推移　118
    (2)　団地再生チャレンジファンド　120
    (3)　ブレア政権下の公営住宅移管事業　123
    (4)　公営住宅移管事業の性格変化　125
  第2節　地域住宅会社　129
    (1)　地域住宅会社の出現　129
    (2)　地域住宅会社の活動内容　132
  第3節　バーミンガム市の公営住宅移管　141
    (1)　団地移管の背景　141
    (2)　移管プロセス　144
    (3)　移管に伴う団地改善策　147
  第4節　公営住宅ストック再生・活用策としての移管　151

第7章　フォイヤーへの取り組み　157

　　第1節　社会的排除の問題と若年ホームレス　158
　　第2節　イギリスにおけるフォイヤーの発展　161
　　第3節　フォイヤー・プロジェクト　163
　　第4節　フォイヤーの運営実態　167
　　　　(1)　設立状況　168
　　　　(2)　施設規模　169
　　　　(3)　家　　賃　169
　　　　(4)　入居者の特性　171
　　　　(5)　活動内容　173
　　　　(6)　財政システム　175
　　第5節　フォーカス・フォイヤーの活動　178
　　　　(1)　フォイヤー開設までの道程　178
　　　　(2)　若者の自立をめざして　183
　　　　(3)　フォイヤーの運営　184
　　第6節　地域のマルチプレイヤー　186

第8章　ブレア政権の住宅政策とハウジング・アソシエーション　189

　　第1節　住宅政策の「終焉」　189
　　第2節　ブレア政権初期の住宅政策　192
　　第3節　ブレアの都市再生　196
　　第4節　住宅政策の復活　199
　　第5節　ハウジング・アソシエーションの階層分化　203
　　第6節　予算配分の変化　206
　　第7節　模索するハウジング・アソシエーション　208

参考文献	213
あとがき	219
索　　引	223

略語一覧

ALMO	Arm-Length Management Organisation
BCSH	Birmingham Standing Conference for the Single Homeless
BES	Business Expansion Scheme
CCTV	Closed Circuit Television
DETR	Department of Environment, Transport and Regions
DIYSO	Do It Yourself Shared Ownership
DoE	Department of Environment
DTLR	Department of Transport, Local Governments and Regions
ERCF	Estate Renewal Challenge Fund
EU	European Union
GLA	Greater London Authority
HA	Housing Association
HAG	Housing Association Grant
HAMA	Housing Association as Management Agents
HAT	Housing Action Trust
HIP	Housing Investment Programme
IGP	Innovation and Good Practice
ILD	Index of Local Deprivation
IT	Information Technology
ITA	Improved Tenements Association
LHC	Local Housing Company
LSVT	Large Scale Voluntary Transfer
MMC	Modern Methods of Construction
NAO	National Audit Office
NDC	New Deal for Community
NFHA	National Federation of Housing Association
NFHS	National Federation of Housing Society

NHF	National Housing Federation
NPO	Non-Profit Organisation
ODPM	Office of Deputy Prime Minister
PFI	Private Finance Initiative
PPA	Partner Programme Agreement
PUS	Public Utility Society
RDA	Regional Development Agency
RSL	Registered Social Landlord
RTB	Right To Buy
SHG	Social Housing Grant
SHMG	Supported Housing Management Grant
SRB	Single Regeneration Budget
SURE	Shape Urban Renewal Enterprises
TCI	Total Costs Indicators
TEC	Training and Enterprise Council
TIC	Total Indicative Costs
TIS	Tenant's Incentive Scheme
TSH	Temporary Social Housing
UDC	Urban Development Corporation
VPG	Voluntary Purchase Grant
YMCA	Young Men's Christians Association
YWCA	Young Women's Christians Association

序章　本書の課題と構成

イギリスにおける住宅政策の変化と非営利組織

　第2次世界大戦後のイギリスの住宅政策は，公営住宅供給と持家取得の促進という2本柱によって進められてきた．戦後の深刻な住宅不足を解消するため，大量の公営住宅建設が行われた．さらに，公営住宅は，住宅数が世帯数を上回って以降は，不良住宅（地区）改善後の受け皿として，あるいは市場において自力で住宅を取得することが困難な人々のための住宅として，住宅問題の解決に大きく貢献してきた．

　ところが，1970年代の経済危機のなかで状況は様変わりし，特に保守党政府の成立によって，福祉国家体制の下で形づくられてきた住宅政策は大きく転換する．1979年，政権の座に就いた保守党サッチャー政権は，これまでの社会民主主義に基づく福祉国家政策＝「大きな政府」をイギリスの経済不況の主要な要因の1つとみなし，その解体を目指した．経済を再生させるため，社会支出を削減して財政の緊縮を図り，政府の役割を縮小した．公企業を次から次へと民営化し，市場原理の貫徹を図った．

　しかし，「小さな政府」を掲げた福祉国家政策廃止の試みは，完全な成功を収めることはできなかった．市場競争の激化によって所得格差の拡大と失業の増大が顕著となり，社会的不平等が深刻化したからである．これらは「社会的排除」[1]の問題として優先的に解決されるべき社会的問題となった．

　サッチャー政権が進めた強力な新自由主義・新保守主義政策の下で，特に，住宅は福祉国家政策廃止のための第1のターゲットとされ，支出の削減や民営化政策の鋭い矛先が向けられた．しかし，ここでもまた市場化は完全な成

功を収めることができなかった．その強引とも言える持家取得の促進策によって，確かに公営住宅の一定部分を代替することはできたが，決してそのすべてに代わり得るものではなかった．この間隙をうめるべく，民間賃貸セクターの再興が重要課題として浮上するが，その限界もまた予想されあるいは現実化する中で，いま1つの担い手として次第に存在感を増す住宅供給主体が存在した――これが本書の対象とする非営利組織，ハウジング・アソシエーション（Housing Association：HA）である．社会住宅という新たな政策概念が提起され，非営利組織であるHAへの依存度を高めるプロセスがここに始まった[2]．

とはいえ，HAは，何もこの時期に初めて登場したわけではない．すでに，19世紀後半から労働者階級や低所得者層への住宅供給や住宅改善を行ってきた歴史を有している．しかし，1980年代後半になって，住宅政策の一実行主体として社会住宅の「主要な供給主体」（main provider）という政策的位置づけが与えられることによって，その組織と活動は大きな転機を迎えたのである．

それにしても，市場主義の住宅政策を展開し，公営住宅システムを解体してまでも持家化を促進したサッチャー政権が，なぜ公的補助を必要とする社会住宅の供給を必要とせねばならなかったのか，そしてなぜHAがその役割を担うセクターとして位置づけられ得たのであろうか．

こうした疑問に対する答えは，しばしば政府の財源不足や福祉サービス供給の多元化によって説明される．しかし，地方自治体の役割を代替するまでになったHAの住宅供給における本質的な意義に迫るためには，こうした捉え方だけでは十分ではない．社会住供給のあり方は，民間住宅市場の動向と強い関連を持っている．そのため，HAの住宅供給の活動を，社会住宅セクターそれ自体を見るだけでなく，地方自治体による公営住宅の供給と民間住宅市場の動向を含めた住宅供給全体との関連において捉え，その歴史的な意義を明らかにすることが必要であろう．

本書のねらいと構成

　本書のねらいは，以下の2点にある．

　第1に，イギリス住宅政策が，公営住宅供給という地方自治体を介した直接供給という手段から，非営利組織HAによる間接供給へと移行するまでの過程を，非営利組織の歴史的活動展開を解明することによって明らかにする．

　このねらいに対応するのが，第1章から第4章である．そこでは，19世紀末から1980年代までの非営利組織の歴史的展開を，住宅市場および住宅政策全般における位置づけとの関連で，自生期，停滞期，胚胎期，転換期の4つに区分し，それぞれの時期における非営利組織の活動を明らかにしている．

　自生期から停滞期半ばに当たる19世紀末から20世紀半ばまでは，非営利組織に関する文献は少ない．それは，第1次大戦以降，特に第2次大戦後，イギリスの住宅政策の中心が公営住宅政策と持家政策であったという事実と関係する．非営利組織による住宅供給は，住宅市場全体から見ると僅か2～3%であり，政策的な役割に関しても決して大きいといえるものではなかった．そのため，イギリスの住宅研究においても，非営利組織の活動に焦点が向けられることは少なかったのである．特に，第1次大戦前に，非営利組織による住宅供給は，失敗であったという刻印が押されて以降，そうした認識はごく最近まで疑われることはなかった．こうした通念を覆したのは，ピーター・マルパス（Peter Malpass）の研究である．彼の研究によって，非営利組織の住宅供給活動の歴史的な側面が明らかにされた．したがって，本書では，非営利組織の第2次大戦までの歴史的な活動については，マルパスの研究の紹介・検討を軸に解明していく．

　本書の第2のねらいは，1980年代以降における住宅政策のドラスチックな変化を受けて，HAが新たな政策的位置づけの下でどういった活動を展開するようになったかを明らかにすることである．これについては，HAの現代的展開において新たなステージをなすと考えられる1988年以降のHAの

活動環境と活動実態を，具体的な事例分析をもとに明らかにしている．第5章から第8章がこの課題に対応している．

以下，章ごとの内容をあらかじめ要約しておこう．

第1章は，自生期の非営利組織の活動を対象とする．非営利組織による住宅供給の起源といわれる19世紀末の慈善事業トラストなどの活動から第1次大戦までの活動をトレースした．

非営利組織とイギリスの住宅政策の起源はほぼ同時期であり，ここから住宅市場への公的介入の歴史が始まる．この時点では，公営住宅を供給する地方自治体も，非営利組織も，産業革命に影響され都市に溢れ出た労働者への住宅問題に対応する手段として，同一のライン上に立っていた．つまり，この時期，イギリスも他のヨーロッパ諸国と同様に，市場への介入手段として，公営住宅という直接供給の形態ではなく，非営利組織による間接供給という手段をとる可能性をもっていたということである．

第2章は，第1次世界大戦後から始まる公営住宅モノポリー期における，非営利組織の活動状況と住宅政策の関係について解明している．この時期は，停滞期として位置づけることができる．

住宅政策と非営利組織の関係は，第1次大戦後の住宅不足を解消するための手段として公営住宅が本格的に供給され始める時期と公営住宅モノポリーが進行した時期とで異なっている．公営住宅が未だ萌芽の域を出ない時期においては，非営利組織にとって活動展開の素地が残されていたと見られる．しかし，第2次大戦後，つまりモノポリー状態に至ってからは，非営利組織（HA）の住宅政策における存在および住宅供給活動は無視できるほど小さいものとなっていった．

ところが，第2次世界大戦後も1960年代半ば頃から，次第に非営利組織（HA）の存在に目が向けられるようになる．それは，公営住宅供給だけでは住宅問題の解消に至らない中で，公営住宅供給や家賃統制によって低迷している民間賃貸住宅を再興させようとした政策的な動きであった．この政策は，結果的に，成果を収めることはできなかったのだが，非営利組織（HA）の

活動を次の段階へ移行させる予兆と捉えることができる．

　第3章は，1974年住居法を契機とするHAの住宅政策への包含と，サッチャー政権の住宅政策が牽引したHAの活動素地を形成するに至る諸事情について明らかにしている．

　第2次大戦後，地方自治体による賃貸住宅供給が財政的な困難を抱える中で，HAに対する住宅建設資金補助が導入された．この補助制度によって，HAの政策的位置づけは大きく変化し，HAは一時期安定した活動を継続することになる．しかし，それは長くは続かなかった．「財産所有民主主義」の理念を掲げたサッチャー政権の登場によって，HAの住宅供給は低迷し，その役割は再び軽視されるようになる．ただし，この低迷は単なる低迷ではなかった．サッチャー政権による公営住宅システムの解体と持家取得の促進策が，結果的にはHAの新たな発展を可能にする素地を作り出していたのである．その意味では，この時期は，HAの胚胎期であると表現できよう．

　第4章では，現代的展開を迎える契機となった1988年住居法が，HAに直接的，間接的にどういった影響を与えたかを検討している．サッチャー政権が強力に推進した公営住宅システムの解体化策と持家取得策は，次第に行き詰まりを呈した．さらには，強硬な持家促進が新たな問題をも引き起こした．こうした事態は，住宅のほとんどを民間供給に依存しようとした試みの限界であり，サッチャー政権に公的支援の必要性を認識させた．1988年住居法は，サッチャー政権による政策転換の象徴であり，これがHAの活動領域を大きく拡大していったのである．

　1980年代末までのHAと住宅政策の展開を受けて，第5章以下では，今日に至るHAの現代的展開について，その主要な諸傾向にそれぞれ焦点を当てつつ分析を進める．

　まず，第5章では，HAの活動の多様化が見られることを指摘し，その具体的な活動展開がいかなるものであったかを明らかにしている．HAの活動の多様化は，本来の住宅供給・管理活動（Housing Activity）の領域拡大と，住宅供給・管理とは直接かかわりのない社会・経済的問題へのアプローチ

(Non-Housing Activity) の 2 つの傾向が見られた．また，活動の多様化を促進した要因のひとつとして，メージャー政権下の住宅・都市政策にも触れている．

第 6 章では，HA が，公営住宅や民間賃貸住宅の代替という社会的な要請に対し，実際にどのような役割を果たしてきたかを明らかにするため，公営住宅移管事業における変化と，公営住宅の受け皿となっている地域住宅会社 (Local Housing Company) の実態について検討を加えた．これによって，80 年以降，民営化という流れの中での，公営住宅から社会住宅へのシフトが，果たして何を意味するのか，単に民営化という流れで理解できるものであるのか，という点を含めて検討を行っている．

また，第 7 章では，活動の多様化の一環として，フォイヤーという若年ホームレスの自立支援施設を事例に，HA が住宅供給・管理活動以外の活動にどのように取り組んでいるかを明らかにした．全フォイヤーに対して行ったアンケート調査とフォイヤー連盟へのインタビュー調査，バーミンガム市にあるフォーカス・フォイヤー等へのインタビュー調査をもとにして，その開発・運営主体およびフォイヤーの活動実態に迫った．

最後に，本書の締めくくりとして，第 8 章では，1997 年にトニー・ブレア率いる労働党に政権交代して以降の住宅政策と HA の動向を取り上げる．市場の活用や効率化を掲げる政策は，果たしてサッチャー政権下のそれと違いがあるのだろうか．ここ数年，住宅市場の地域的格差が一層拡大しており，この不均衡を是正するための対策が打ち出されている．また，こうした新しい政策を執行していく HA についても，新たな動きが見られる．多くの HA は今，社会的役割が大きくなるにつれて，自立的でかつ安定的な非営利活動を維持していくことの困難さが増すという現状に直面しており，これを克服するべく新たな展開を模索している状況が明らかにされよう．

ここで，本書で用いている言葉の使い方について 2 点説明をしておこう．
第 1 に，本書では，第 2 章第 1 節までは，HA の前身に当たる一連の非営

利住宅供給組織を「非営利組織」，第2章第2節以降は，HA と表記している[3]．

　これは，HA の起源が，活動理念や組織形態の異なる数々の組織であり，HA の歴史を紐解くに当たって，HA という言葉が混乱を招く可能性があるからである．第1章で解説するが，19世紀末に HA の起源とされている一連の住宅供給組織は，トラストであったりカンパニーであったりと多様な形態を有しており，必ずしもアソシエーションという名前のついた組織であったわけではない．

　また，HA という言葉が，住宅供給を行う一連の非営利組織の総称として最初に用いられたのは 1935 年住居法以降であったことも理由のひとつである[4]．HA という総称が出現する以前は，一部の非営利組織をまとめて，公共事業協会（Public Utility Society）と呼んでいたが，これは，あまり耳にすることのない言葉であるため，ここでは用いていない．さらに，1996 年には，HA は登録社会住宅供給体（Registered Social Landlord：RSL）と呼ばれるようになり，政府や地方自治体などの公式文書で用いられるようになった．しかし，本書では，HA という言葉のほうが一般的にも親しみがあり，学術的分野では未だよく用いられていることから，RSL はあえて総称として用いないこととする．

　第2に，本書は，あえて，非営利組織の略称として日本でも広く知られるようになった NPO（Non-Profit Organisation）という言葉を用いていない．これは，イギリスにおいて，非営利組織はボランタリー組織（Voluntary Organisation）と呼ばれるのが一般的であるからである．ボランタリーとは，「自発的な」という意味であるが，日本人にとって，ボランティアという言葉にはなじみがあっても，ボランタリーという言葉は耳慣れないと思われる．本書では，これ考慮し，社会住宅の供給・管理に関わる一連のボランタリー・オーガニゼーションを非営利組織と呼んでいる．ただし，本文中では，社会住宅の供給・管理にかかわらない非営利活動を行っている組織も登場することから，これを非営利組織と区別して，非営利団体と表記している．

序章　本書の課題と構成

なお本書は2001年神戸大学に提出した博士論文「イギリスにおけるハウジングアソシエーションの住宅供給と管理に関する研究」を大幅に改訂し，まとめなおしたものである．

注
1) 社会的排除とは社会福祉のセーフティ・ネットから外れるような極端に阻害された状態を指しており，具体的には雇用や教育，社会保障，住宅などへのアクセス権を持たないことやそれを極端に制限されている人々の問題を指している（Lee & Murie 1999）．
2) 現在では，公営住宅も含めて，少なからず公的補助を受けて供給されている低家賃住宅の総称として，社会住宅という言葉が用いられるが，本書では，特に断りがない限り社会住宅はHA住宅を意味することとし，「社会住宅」と表記する場合は，公営住宅を含む公的補助を受けて供給される低家賃住宅一般を指すこととする．
3) ただし，第1章の導入部においてのみ，HAという言葉を使っている．これは，現在のHAについて言及しているためである．
4) HAという言葉が総称として一般的になったのは，1970年代に入ってからであった．HAの前身が結成した連合である非営利組織全国連合（National Federation of Housing Society：NFHS）が1974年に全国ハウジング・アソシエーション連合（National Federation of Housing Association：NFHA）に改称したことからも，HAという総称の普及がゆっくりとしたものであったことが窺える．

第1章　非営利組織による住宅供給の起源

　HAの起源は，19世紀末とされる．産業革命による工業の発展とそれに伴う急激な都市化が，人々の住環境を蝕んでいた．こうした状況を見かねた富裕層や慈善事業家らによって，設立された各種非営利組織が，現在のHAのルーツである[1]．

　本章では，こうした非営利組織による自生期の住宅供給活動の状況を明らかにしたい．

第1節　住宅政策の黎明

　イギリスの住宅政策のルーツは，ヴィクトリア時代（1837-1901）にさかのぼる．イギリスは1760年頃から始まった産業革命によって，国家の経済基盤は農業から工業へと移行した．これに伴って，ロンドンやグラスゴー，バーミンガムなど大都市への急激な人口増加が始まった．工場からの汚水や煤煙による環境破壊が進む上に，職を求めて都市に流入してきた人々の生活に対応するための都市基盤整備は，著しく貧弱であった．そのため労働者は，公害，過密，不衛生という劣悪な住環境での生活を余儀なくされた．

　都市の住環境の劣悪さを社会に伝え，公衆衛生や保健に関する国家介入のきっかけをつくったのが，チャドウィックやエンゲルスである．チャドウィックは，1842年に『労働人口の衛生状態に関するレポート』を，エンゲルスは1845年に『イギリスにおける労働者階級の状態』を発表し，劣悪な大都市の住環境と労働者の貧困な生活ぶりを伝え，住環境改善の必要性を説い

た．また，1830-40年代にかけてチャーチスト運動や労働運動，協同組合運動が生活の貧困や住宅問題の深刻さをアピールしたことも，当時の支配階級に，都市・住宅問題の解決が社会的安定に不可欠であるという認識をもたらしたのである．

こうした動きは，まずは1848年の公衆衛生法として実を結んだ．その3年後の1851年には，住宅供給に対する最初の国家介入とも言えるシャフツベリー法（Labouring Classes' Lodging Houses Act, Common Lodging Houses Act）が制定された．この法律によって，地方自治体は，労働者に対する住宅供給と民間の宿舎を監督する権限が認められた．しかし，前者は，ほとんど実施されることはなかった．当時はレッセフェールの考え方が優勢であり，地方自治体による直接供給に対しては，未だ強い抵抗があったからである．

しかし，劣悪化する住環境から目をそむけることもできず，シャフツベリー法制定の後，1868年にはトレンズ法（Artisans' and Labourers' Dwellings Act 1868）が制定された．トレンズ法では，地方自治体は居住に不適格な個々の住宅の強制撤去を行うことが可能となったが，撤去された住宅に対する補償を行う必要は明記されなかった．1875年にはクロス法（Artisans' and Labourers' Dwellings Act 1875）によって，地方自治体に不良住宅地区をクリアランスする権限が付与され，その土地に住む場所をなくした世帯のための住宅を建設することが求められた．不良住宅除去に対する地方自治体による補償が義務づけられたのである[2]．

1880年代になると，労働者ナショナル住宅カウンシルや社会民主連合の公営住宅の供給を求める住宅運動をきっかけに，労働者階級の運動家たちが圧力団体を結成し始める．これらの運動が実り，1890年には労働者階級住居法（Housing of the Working Classes Act）が制定された．この法律は，内容的にはトレンズ法とクロス法を統合したものであり，スラム・クリアランスの手続きを簡素化したことに加え，スラム・クリアランスに限らず地方自治体に住宅供給の一般的権限を認めた．

とは言え，住宅供給そのものが義務化されたわけではなく，中央政府から

の補助があるわけでもなかった．これらの法律は主にスラム・クリアランスなどによる都市環境整備を目指すものであり，地方自治体による住宅供給はロンドンやシェフィールド，リバプール，グラスゴーなど大都市を中心に実施されただけであった．そのため，法律の施行後，地方自治体による住宅供給は増加したとは言え，その実績は四半世紀を経た第1次世界大戦勃発の1914年までに，イングランドで2万戸，イギリス全土でも，2万4,000戸程度にとどまった（Malpass & Murie 1999）．

第2節　非営利組織による住宅供給の諸形態

　住宅政策の原型が形作られつつある一方で，労働者や貧困層の住宅改善を目的として，改良者（Reformer）や慈善事業家らによる非営利組織の活動も盛んになり始めた．こうした取り組みには，当時主に5つの形態が見られた．
　第1に，博愛精神や慈善の精神に基づいて行われてきた住宅供給である．これには，主に，救貧院（Almshouse）と慈善事業トラストなどが含まれる．救貧院は，12世紀にその起源をもち，篤志家（Benefactor）やキリスト教の精神に基づいたギルドによって設立・運営された．一方，慈善事業トラストは，裕福な慈善家からの寄付を主たる財政基盤として住宅供給を行っていた．
　第2の形態は，モデル住宅会社である．これは，一般的に株式会社の形態を取り，個人投資家からの転換社債（Loan Stock）を財源にして，低家賃の住宅を供給した．モデル住宅会社は非営利組織とは異なるという説もあるが，配当を制限して住宅供給を行い，都市の住宅問題の解消に一定の貢献を果たしたことから，ここでは敢えて非営利組織として取りあげる．
　第3の形態は，新規の住宅供給というよりも，既存の住宅をよりよく管理していくことに主眼を置いたオクタビア・ヒルのアプローチである．
　第4の形態は，資本家による雇用者のための住宅供給（コ・パートナーシップ・ソサイエティ）である．この形態は，後に田園都市・郊外の思想と結びつき，中産階級を対象とした住宅供給組織へと変化していく．

写真1-1　救貧院（Almshouse）

　第5の形態は，工業村（Industrial Village）を形成，管理していた組織である．組織形態としては第1形態の慈善事業トラストに近いが，一部は雇用者のための住宅供給を行っていたという点と，住宅単体の供給だけではなく村づくりを行っていた点において，第1形態のトラストとは性格を異にする組織である．

　それぞれの形態の特徴について，少し詳しく見ていこう．

(1)　救貧院と慈善事業トラスト

　救貧院は，その全住宅ストックに占める割合は僅かであるが，非営利組織による住宅供給活動としては，長い歴史を持っている．最初の救貧院は，1235年に設立されたSt Lawrence's Hospital Charityであり，2人のハンセン病患者への寄付によるものと言われている．当時の救貧院は，裕福な慈善家が，生活に困った貧困層を救済するために，「施し」として，寝泊りする場所や食べ物などを提供していたのである．こうした活動が，その後の救貧院の活動のベースになっていく．現在では，高齢者向けの住宅供給を行う組織となっている．現在活動している救貧院の多くは，18世紀に設立され

写真 1-2 ピーボディの供給した住宅（Peabody Avenue）

たものであり，その歴史は脈々と引き継がれている．

救貧院には建築的な特徴も見られる．写真 1-1 のように，建物は主として 1 階もしくは 2 階建ての長屋で，中庭を囲むような形状で配置されているものが多い．

救貧院と同様に，裕福な慈善事業家からの寄付によって，低家賃の住宅を供給してきたのが慈善事業トラストである．こうした活動および組織は，総称して「5% フィランソロピー」と呼ばれた．通常，投資に対して 7～10% であった配当を，慈善事業であるという理由で 5% 以下に限定したことから，こう呼ばれた．

トラストの活動でよく知られているのが，1862 年に設立されたピーボディ（Peabody Donation Fund）である．ピーボディは，1862-73 年の間に 50 万ポンド（現在の 3,000 万ポンドに相当）を寄付している．その後，1889 年にはギネス・トラスト（Guinness Trust）が，1900 年に Sutton Dwellings Trust，1906 年には Samuel Lewis Trust が相次いで設立され，活動を展開した．「5% フィランソロピー」と呼ばれつつも，事業に対する投資の配当は，5% より低く 3% 程度に設定されていた．

（2） モデル住宅会社

モデル住宅会社は，救貧院や慈善事業トラストが慈善活動を基盤にしていたのと異なり，市場メカニズムを駆使して，低家賃の住宅を供給した[3]．都市が急成長する中で，十分な住宅供給を行えなかった住宅市場を補完した当時の非営利組織の中では，慈善事業トラストと並んで主要な供給主体であった．

「モデル住宅」というのは，当時慈善事業家や富裕層の一部が，労働者階級のために満足いく衛生的な住宅を，アフォーダブルな家賃で供給することを追求していく中で，利益配当を制限する結果として編み出された住宅の一形態を指している（Malpass 2000）．それは，小規模な賃貸住戸で構成された4～7階建ての集合住宅であり，「模倣するに値する基準と前例を提供する試み」として取り組まれた．この形態ならば高地価のインナーエリアに低所得層向けの住宅を提供しても，それなりの採算が取れたのである．低層の戸建て住宅には及ばないが，都市の労働者の住宅改善を図るための妥協策であった．

最初のモデル住宅会社は，1841年設立のMetropolitan Association for Improving the Dwellings of the Industrious Classesであると言われている[4]．この組織は衛生的に優れた設備を備えた住宅を多く供給したが，その家賃はかなり高く一部の裕福な層だけに手の届くものであった．この他，1884年に設立されたEast End Dwelling Companyなどは，より低い家賃の住宅を供給しており，4～5％の配当を行っていたとの記録がある（Kaufman 1907）．こうした活動は，前に述べた慈善事業トラストとほとんど変わらないものであり，モデル住宅会社も慈善事業トラストの間には，資金調達の方法や組織形態に多少の違いが見られるものの，どちらも主として「モデル住宅」を供給していた．

しかし，慈善事業トラストもモデル住宅会社も労働者階級向けの住宅供給主体としては，20世紀初頭には次第に勢力を弱めていく．これらの組織の一部は，非営利という方針を貫くことができず商業的家主に転換したり，そ

の後に登場するコ・パートナーシップ・ソサイエティや田園都市構想を支える組織へと変容していった（Mullins 2000）．

こうした非営利組織が生き残れなかったという事実は，市場メカニズムに依存した住宅供給に強い限界があったことを物語っている．と言うのは一部の慈善事業トラストであれば，いくばくかの寄付がその採算面での脆弱さをカバーすることができたであろうが，財政基盤の弱い組織にとって，支払い能力の低い層を対象としてそれなりの質を有した住宅を供給することは，かなり厳しい活動であったからである．

(3) オクタビア・ヒルの活動

モデル住宅会社やトラストが，事実上貧困層を住宅供給の対象外としたのに対して，オクタビア・ヒルの活動は，まさに貧困層をターゲットとした活動を行った．借家人の住宅管理に対する意識を高めることによって，貧困層の住宅問題の解決を図ろうとしたのである．

ヒルは，1864年にロンドンのメリルボーンに3戸の借家を入手し，活動を始めた．具体的には，住宅管理人が定期的に家賃の回収を行い，その際に借家人の生活指導も行うという方法が採られた．ヒルの住宅管理の手法は，後に「オクタビア・ヒル・システム」と呼ばれるようになり，広く普及していった．

またヒルは，組織をつくって活動を行うことを好まず，家主と借家人という人と人のつながりを重視したが，彼女が所有する住宅を管理する組織として唯一1886の年ホーレイス・ストリート・トラスト（Horrace Street Trust）の設立には同意した．これは当初，非営利組織というより，ヒルに譲られた数戸の住宅を保持するための法的体裁というべきものであったが，彼女の死後も継続して運営され，次第に組織としての体をなしていった．この組織は，後に数度の合併を行い，現在もオクタビア・ハウジング・アンド・ケアとして活動を行っている（Malpss 2000）．また，1900年にはImproved Tenements Association（ITA）がケンジントンに住む富裕者グループのイニシ

アティブで設立され，ヒルの管理方式が採用された．ITA は地域の荒廃した住宅を小単位で買い取り，それらを改善して居住者と共に管理していくことを目的としており，ヒル以外にその理念を実行する組織の先駆けとなった．

(4) コ・パートナーシップ・ソサイエティ

コ・パートナーシップ・ソサイエティは，借家人である労働者と投資家との共同の出資により住宅供給を行う組織であり，第1次大戦前にその多くが設立された．その先駆けは 1888 年に設立された Tenant Co-operator Ltd であると言われている（Malpass 2000）．

この住宅供給方法の利点は，借家人が株主として開発利益の一部を獲得できることと，組織の意思決定や運営に参加できることであった．しかし，実際には，借家人は投資が可能な層に限定されたため，住宅問題の解決には十分なインパクトを与えることができなかった．また，外部の投資家の権限が強くなり，借家人の声が十分に組織運営に反映されにくくなり，理想と現実の乖離が進んでいった．コ・パートナーシップ・ソサイエティも，モデル住宅会社や慈善事業トラストと同様に，労働者階級の住宅問題を十分解決する手段にはなりえなかったのである．

しかし，コ・パートナーシップ・ソサイエティは，労働者階級の住宅問題には寄与しなかったものの，田園郊外の住宅地開発に大きく貢献した．エベネザー・ハワードが，コ・パートナーシップ・ソサイエティの理念に共感したことから，コ・パートナーシップ・ソサイエティは，次第に中産階級を対象とした郊外住宅地の開発に利用されるようになったのである．1901 年にヘンリー・ビビアンが，ロンドンのイーリング地区でコ・パートナーシップ方式で田園郊外を開発したことがその広がりのきっかけとなった．ソサイエティにとっても，労働者階級向けの住宅供給が採算上の困難さを増す中で，中産階級向けの住宅供給の方が魅力的であった．田園都市・郊外の住宅地開発は，中産階級の増大や交通網の発達に助けられて，さらに広がりを見せた．ロンドン近郊のみならずバーミンガムやマンチェスターなど地方都市近郊で

も開発が進み,この時期,少なくとも 52 の田園都市・郊外が形成された.これに伴って,1914 年までに少なくとも 40 のコ・パートナーシップ・ソサイエティが設立された（Malpass 2000）.また,1905 年にアンウィンやハワード,後述するキャドベリーやリーヴァらの協力によって設立されたコ・パートナーシップ借家人住宅協議会（Co-partnership Tenants Housing Council）も,コ・パートナーシップの全国的な普及に大きく貢献した.

(5) 工業村の展開

労働者階級への非市場的要素を持つ住宅供給という観点からは,工業村（Industrial Village）の存在も忘れてはならない.工業村は,資本家が,雇用者の生活環境の整備とそれに伴う労働力の向上・確保を意図して,住宅や学校,教会などのコミュニティ施設を整備した集落である.工業村は,当時の基幹産業であった毛織物業が集中していた地域（リーズ,ブラッドフォード,ハリファックスを結ぶ三角地帯）に集中して建設されており,そのいくつかは今も当時の姿を残している.

工業村の始まりは,やはりロバート・オウエンが社会実験として取り組んだニューラナークであろう.オウエンは,1800 年知人のデイビッド・デールから紡績工場を買い取り,理想社会（ユートピア）の実現を目指して「統治」を始めた.結果的にオウエンの実験は失敗に終わったのだが,1830 年代以降,オウエンのユートピア構想から脱却し「ジェントルマン化した工場主の価値観が反映」された工業村が登場することとなる（高橋 1996）.

その走りが,1847 年に着手され,1863 年に完成したハリファックスの町外れにあるコプリという村である.この村は,当時の主要産業であった毛織物業を営んでいたコロネル・エドワード・アクロイドによって建設された.時期的には,1830-40 年代における労働運動の高揚期に着手されており,工場主が労働者の改革機運の高まりに対応して出現した村であると見ることができよう.村には,家庭菜園付きの住宅が 112 戸建設された他,学校や店舗,教会が建てられている.住宅は決して大きくはないが,当時の労働者住宅と

写真 1-3 ボーンビル・ビレッジ・トラストの供給した住宅

してはましな方であったという．

　アクロイドは，コプリ村のほかにも1859年にアクロイドンと名づけた工業村を建設している．この村の特徴は，住宅建設組合を結成して住宅供給を行った点にある．労働者は組合に掛け金を支払い，最終的には居住している住宅を持家とすることができるのである．

　また，1853年から63年にかけてタイタス・ソルトという毛織物の工場主によって建設されたソルティアは，岩倉具視らが視察した村として日本でもその名前は知られている．

　その後，こうした工業村建設の動きは，次第に田園都市構想と結びつき，工場による直接供給ではなく，別の組織を結成して住宅供給やコミュニティ育成に取り組むようになる．こうした取り組みを行った工業村として有名なものは，ボーンビルやニューイヤーズウィック，ポートサンライトであろう．

　イングランド中部のバーミンガム市郊外にあるボーンビルは，チョコレート製造業者ジョージ・キャドベリーによって建設された．キャドベリーは，チョコレート会社を経営する傍らで，バーミンガムのインナーエリアの劣悪な環境を憂い，1879年に工場をバーミンガム郊外のボーンビルに移し，同

時に労働者への住宅供給を開始した．これまでの工業村と異なり，キャドベリーは低層で質の良い住宅を供給した．さらに，彼の意図は，工場の労働者の生活環境だけでなく，バーミンガム市全体の環境を改善することにも置かれ，供給された住宅は，雇用者だけでなく広く一般市民にも門戸が開かれた．また彼は，開発利益は会社に還元するのではなく，社会に還元されるべきものと考え，1900年に，ボーンビル・ビレッジ・トラストを設立した．ボーンビル・ビレッジ・トラストは現在も地域のまちなみや住宅を管理している．

　キャドベリーは，同じくチョコレート製造業を営むジョージ・ロウンツリーに村づくりの指南をし，イングランドの北部ヨーク市にニューイヤーズウィックが建設された．ニューイヤーズウィックは，ロウンツリーが，アンウィンやパーカーに設計を依頼して建設されたものであり，田園都市構想を具現化する先駆けとなった．ニューイヤーズウィックでもトラストが結成され，現在でも住宅や村の管理を担っている．この他，ウィリアム・リーヴァが1888年に建設を開始したポートサンライトもハムステッドの田園都市形成に影響を与えたと言われている．ここにつくられたトラストもかつては住宅を保有し，村の管理を行っていたが，住宅に関しては現在そのほとんどが持家となっている．

第3節　初期の住宅供給活動

(1)　活動促進の支援

　この時期，都市住宅問題の深刻化にもかかわらず地方自治体による公営住宅の供給が未だ萌芽の域を出ない中で，まずは非営利組織による住宅供給活動を政策的に促進しようとする動きが出てきた．

　非営利組織による住宅供給を促進する政策は，1866年の労働者階級住宅・住居法（Labouring Classes' Dwelling Houses Act 1866）にはじまる．この法律の下，モデル住宅会社は，公共事業融資理事会（Public Works Loan Commissioners）から4％という特恵的な低金利で融資を受けることが可能

となった．また，1875年のクロス法の下では，モデル住宅会社と慈善住宅トラストが都市整備理事会（Metropolitan Board of Works）から低価格で更地を購入する機会が与えられた．この法律には，スラム・クリアランスで整理された土地は労働者階級の住宅供給のために使われるべきという制限が加えられていたが，当時地方自治体の住宅供給能力が不十分であったため，非営利組織の活用が図られたのである．

さらに1909年住宅・都市計画法（Housing and Planning Act 1909）では，1893年親善協会法（Friendly Society Act）で定められた産業共済組合（Industrial and Provident Societies）[5]に登録している非営利組織に，公共事業協会（Public Utility Societies : PUS）という総称が与えられ，このPUSに対して住宅価値の75%までのローンを融資することが認められた．また，この法律は，地方自治体に都市計画の権限を与えたことで知られているが，田園都市・郊外の建設に絡んで，非営利組織（特にコ・パートナーシップ・ソサイエティ）の展開の後ろ盾にもなった．

(2) 住宅供給の達成度

では，こうした支援策を受けて，非営利組織はどれほどの住宅を供給していたのだろうか．非営利組織が供給する住宅の家賃は市場家賃よりも低く設定されていたが，必ずしも低所得者層の手の届くものではなかった．そのため，以下に述べるように，非営利組織の活動が，貧困層の住宅問題の解消に与えた影響はわずかであったと評価された．

1885年に発行された王立委員会（Royal Commission）[6]の報告書には，19世紀末のモデル住宅会社やトラストの活動は失敗に終わったと記されている．この報告書がきっかけとなって，非営利組織は「十分な住宅供給活動をなしえなかった」というレッテルを貼られ，その後20世紀後半に至るまで，住宅供給の主体として積極的な政策的位置づけをなされずにきた．

しかしマルパスはこうした評価は必ずしも正しいものではないと主張している（Malpass 2000）．彼は，個々の非営利組織による住宅供給戸数を丹念

表 1-1 モデル住宅会社とトラストによって建設された新規住宅
(1890-1914 年)

組　織　名	建設住宅戸数
Improved Industrial Dwellings Co	500 戸（1910 年まで）
Artisans' and General	2,000 戸以上（1915 年まで）
East End Dwellings Co	2,200 戸（1885-1905 年）
Four Per Cent Industrial Dwellings Co	1,913 戸（1885-1905 年）
Peabody Donations Fund	1,500 戸以上
Guinness Trust	2,500 戸以上（1890-1903 年）
Sutton Dwellings Trust	1,783 戸（1909-18 年）
Samuel Lewis Trust	443 戸（1911 年まで）

出典：Malpass (2000).

に調査し，非営利組織による住宅供給は，貼られた「失敗」のレッテルほど貢献度の低いものではないことを明らかにした．

　彼の調査から，当時の非営利組織による住宅供給戸数がどれほどのものであったか推計してみよう．表 1-1 は，当時活動を行っていたモデル住宅会社と慈善事業トラストによる住宅供給戸数を示している．計上している期間は異なるが，1890 年から 1914 年の 24 年間に 8 組織によって約 1 万 3,000 戸が建設されている．

　また，住宅供給を行っていたのは，ここに挙げた組織だけではない．田園都市・郊外の建設に絡んで発足した非営利組織が多くあり，その活動は明らかになっているだけで約 8,000 戸ある．これらの戸数を総合すると悠に 2 万戸を超える．非営利組織が供給した戸数は，地方自治体が全国で供給した 2 万 4,000 戸の公営住宅と比較しても，遜色ない数であると言えよう．

(3)　戦時下の活動

　20 世紀に入ると 1906 年ごろから住宅建設は減少傾向にあり，第 1 次世界大戦開戦の数年前からは特に深刻な住宅不足に見舞われた．住宅不足に伴い，民間賃貸住宅の家賃は高騰し，労働者階級の住宅問題は 19 世紀末にも増して悪化していき，こうした状況を引きずったまま第 1 次世界大戦へと突入した．戦時下では住宅建設に対する統制がしかれた上，軍需工場が立地する都

市に労働者が集中したため，住宅不足の問題は一層深刻になっていった．

この戦時下の住宅不足に便乗して，民間賃貸住宅の家主は家賃の大幅な値上げを図ったため，労働者の強い反発を買った．この反発が最も激しかったのは，軍需工場が多く立地していたグラスゴーであった．1915年サウスゴーバン地区で起きた家賃ストライキはグラスゴー中に広まった．こうした住宅問題は，戦時の社会的統制を乱すものと考えられ，政府は同年家賃統制とモーゲージ率を固定する時限法を制定し，問題の沈静化を図った．

こうした建設統制と家賃統制という戦時下の厳しい条件の下でも，非営利組織による住宅供給は，一定レベル行われていた．それは，軍事従事者のためのものが中心であった．

例えば，ハワード・コテージ・ソサイエティは1916年まで建設を続けており，少なくとも開戦後100戸は建設している．この住宅のいくつかは，ベルギーからの避難者や軍需工場労働者に配分されている．また，軍需工場周辺では，既存の住宅で労働力の収容が不可能な場合，政府が新規建設の限定プログラムを実施したが，この住宅建設の大半を非営利組織が担ったと言われている．ウールウィッチの軍需工場とダンフリッシャー（Dumfrieshire）に新たに建設された爆弾工場の労働者分とをあわせて，1万戸の恒久住宅と2,800戸の仮設住宅が，軍需労働者のために建設されている．

ここで改めて19世紀半ばから第1次大戦までの非営利組織による住宅供給を振り返ると，その実績は確かに当時の住宅問題を十分解決に導くものではなかったことが分かる．しかし，国からの補助金もなく民間資本の蓄積も十分であったとは言い難い時代に，非営利組織が地方自治体に匹敵するか，それ以上の住宅を供給していたことは，都市部に限定的であったにせよ，住宅市場の補完という役割を一定程度果たしていたものと評価できよう．

注
1) 12世紀の救貧院がHAの起源だとする説や，最近では，ピーター・マルパスによって19世紀末の非営利組織は現代のHAの起源ではないと主張する説があ

る．その根拠は，現代の HA は，政府に取り込まれて自立性を喪失しており，19 世紀末に慈善的活動を行っていた非営利組織とは性格を異にするという点にある．
2) クリアランス後に建てられた住宅は 10 年後には売却されねばならなかった．またクロス法の施行は，地方自治体にとって大きな財政負担となり，1879 年の法改正と 1882 年の職人住居法（Artisans' Dwelling Act）によって住宅補償の義務は軽減されていった．
3) 市場メカニズムを利用してはいるが，当時資本家らは労働者向けの住宅に投資を行うことが，鉄道や帝国産業に投資するよりも，慈善的であると考えていた（White 1992）．
4) マルパスは，1844 年に設立された Society for Improving the Condition of the Labouring Classes のルーツを辿ると，1830 年に設立された Labourer's Friend Society に行き着くことから，最初のモデル住宅会社は Society for Improving the Condition of the Labouring Classes であると主張している．
5) 産業共済組合（Industrial and Provident Societies）は，コーポラティブ団体やコミュニティに利益を還元する組織が採用している法人形態．現在でも，一定の要件を満たせば 1965 年産業共済組合法（Industrial and Provident Societies Act）の下で組織登録することができ，多くのハウジング・アソシエーションが登録している．
6) 王立委員会（Royal Commission）は法・社会などの問題調査を実施するために研究者や研究組織を内閣の推薦で王が任命する組織である．

第2章　公営住宅モノポリー期と非営利組織

　労働者階級の住宅問題は，20世紀に入ってからも十分な改善がなされないままであった．劣悪な状況のまま，時代は第1次世界大戦へと突入し，そのダメージによって住宅問題はさらに深刻さを増していった．戦時の統制によって，住宅の生産性が大幅に低下したことも，住宅不足に拍車をかけた．第1次大戦終結後には，国家はこうした国民の住宅難を無視することができず，住宅分野への本格的な介入を始めるようになる．そして，それは，当初，地方自治体による直接住宅供給と民間住宅市場への介入という形で実施されたが，第2次大戦を経て事実上前者の方式が追及され，賃貸住宅供給の大半を公営住宅が占めるようになっていく．これに伴って非営利組織は停滞期に突入するのである．

　本章では，第1次大戦後から1970年代半ばまでの期間，つまり公営住宅が賃貸住宅供給を独占していった時代において，非営利組織がどのように活動を維持していたかを明らかにしていきたい．

　また，序章で述べたように，非営利組織と総称している一連の住宅供給組織は，1935年住居法の下で，「ハウジング・アソシエーション（Housing Association：HAと略記）」という総称を付与され，今でもHAと呼ばれていることから，1935年法について述べた後の本章第2節以降，HAと表記する．

第1節　公営住宅の台頭と非営利組織の発展

(1) 1919年住宅・都市計画法

　19世紀末から続く住宅問題に加え，大戦による被害は問題を一層深刻にしていた．そのため，戦後の住宅復興については，自由党と保守党の連立党派によって戦争が終わる前から検討がなされており，戦争終結後すぐに対応できるよう準備が進められていた．この住宅復興プログラムは，当初，地方自治体による住宅の直接供給を柱とするものとして検討されていた．なぜなら，1)民間セクターには現況の住宅不足を解消するだけの供給能力が十分備わっていないこと，2)住宅不足は，自由・保守党の連立政権の基盤を揺るがしかねない政治的な問題であったため直接供給によって必要数を確保しなければならなかったことが，その主な理由であった．民間建設業者は資本力が乏しかったことに加えて，家賃統制やインフレの継続が影響し投資家が住宅投資を抑制していたため，民間業者の住宅供給能力では，第1次大戦後の未曾有の住宅不足を解消できないと見なされたのである．

　ところがプログラムが公表される直前になって，復興省住宅委員会（Housing Committee of the Ministry of Reconstruction）は，住宅不足の深刻さと地方自治体の住宅供給能力の不足を指摘し，プログラムは非営利組織をも供給主体として補助していくべきとの提言を行った．最終的に連立党派はこの提案を受け入れて，非営利組織をはじめとする民間セクターをも住宅復興プログラムを担う主体として位置づけ，1918年11月公約として提示した．「英雄のための住宅（Homes Fit for Heroes）」というスローガンが掲げられたプログラムは，終戦後3年以内に50万戸を供給するという大規模なものであった．

　この住宅プログラムを実施するための法案として，1919年住宅・都市計画法（Housing and Town Planning Act）が制定された．通称アディソン法と呼ばれている．この法律は，地方自治体に住宅供給に対する明確な責任を持

つことを求め，公営住宅建設のための国庫補助を交付することを定めたものである．人口20万人以上の自治体は，住宅需要の調査および公営住宅建設計画の策定が義務づけられ，公営住宅の建設コストに対して一定の国庫補助が交付されるようになった．この法律の制定を機に，公営住宅の建設が本格的に進められるようになり，アディソン法の補助制度を利用して供給された公営住宅は，17万戸にものぼった[1]．

ところが，当時の公営住宅は，労働者階級の住宅問題を解消するために建設されたにもかかわらず，主として郊外に建設され，庭付きの高品質なものが多かった．これは，アディソン法が田園都市構想に強く影響されていたために，補助対象の住宅が一定の質を有するものであることを求められたからである[2]．公営住宅の建設コストは，1914年には1戸当たり平均250ポンド程度であったが，その後1920年までに1,200ポンドと4倍以上に高騰した（Malpass & Murie 1999）．そのため，家賃も高額であり，比較的裕福な人々しか公営住宅の恩恵を受けることはできなかった．

では，アディソン法の下で，非営利組織はどのような恩恵を受けたのであろうか．第1にアディソン法は，非営利組織にも地方自治体と同様の基準で補助を適用した．また建設費補助に加えて，地方自治体よりも低い利率で公共事業融資委員会（Public Works Loans Board）から借り入れができるという優遇措置も講じられた[3]．

第2にアディソン法は，初めて地方自治体に非営利組織を支援する権限を与えた．これに応じて地方自治体は非営利組織の住宅供給活動を促進するための補助金や低金利のローンを提供するようになった．

ただし，こうした補助金交付の対象となりえたのは，非営利組織の中でも産業共済組合に登録されている一部の組織であった[4]．これ以外にも，労働者階級への住宅供給を組織の活動目的としていることや，財務省が設定した割合の範囲で配当することなどが求められたため，補助を受けることができた組織は限定的であった．

(2) 家賃統制の影響

　住宅復興プログラムの下で公営住宅の建設が進められる一方，民間住宅市場に対する規制もすすめられた．1915年末に制定された家賃・住宅ローン金利法（戦時制限法）によって，民間賃貸住宅の家賃と住宅ローンの金利は1914年時点のレベルに固定されていたが，住宅不足は戦争終結後も解消される兆しがなかった．家賃の高騰も続き，なお一層事態を深刻化させていたことから，政府は1919年に家賃統制の継続を決定した．住宅を求める労働者階級の側からすれば，住宅不足が深刻な中，家賃統制が継続されるのは望ましいことであった．しかし家主の側からすれば，家賃統制によって家賃の値上げが抑制された結果，戦後のインフレが家賃の上昇率を上回り，厳しい経営状況であった．そのため家主が経営放棄する事態も生じ，住宅事情の悪化に拍車がかかることが懸念された．また住宅需要とインフレの進行を考慮すれば，家賃の値上げは避けられないとの見方も出てきたことから，1920年には，家主は1914年レベルの140％までの値上げが許された．1923年にも一部家賃統制の解除が実施されたが，基本的に家賃統制継続の方針に変更はなかった．

　当然のことながら，家賃統制は，民間賃貸住宅供給に甚大な影響を及ぼした．民間賃貸住宅は全住宅ストックの90％以上を占めていたが，家賃統制の影響を受けて民間家主が一斉に不動産を売却し，民間賃貸住宅の持家化が一挙に進行した．大戦間期だけでも，150万戸近くの民間賃貸住宅が持家となっている（Power 1993）．家賃統制は民間賃貸住宅の減少に拍車をかけ，ひいては住宅不足を一層悪化させる結果となったのである．

　また同時に指摘しておきたいことは，家賃統制が，当時民間セクターとして扱われていた非営利組織の供給する住宅の家賃をも対象としたことである．アディソン法で建設費補助が交付されたにもかかわらず，こうした家賃統制がその効果を減殺し，非営利組織の活動を阻害していた側面がある．非営利組織が，アディソン法を十分活用し切れなかった背景には，家賃統制によって，投資に対するリターンがこれまで以上に抑制されたという状況があった

のである．ただでさえ利益を制限して住宅供給を行ってきた非営利組織にとって，こうした条件下での新たな住宅経営はそれほど魅力的に映らなかったのであろう．

(3) チェンバレン法とウィトリー法

アディソン法の下，住宅建設に対する補助制度が整ったことで，住宅不足の早期解消が期待されたが，期待はいとも簡単に裏切られた．戦後直後，経済は活況を呈していたが，それは1920年にはすでに終わりを迎えていた．政府は不況対策として公共支出の削減を表明した．これに伴って，住宅建設予算に対する地方自治体の自由裁量が大きいアディソン法の補助制度は，1921年に廃止されることになった．ところが，補助制度は廃止となったものの，その年の住宅不足が130万戸と推定されたように，住宅不足は未だ深刻な問題として残されていた（Haloe 1995）．

こうした状況の中で，1922年に総選挙を制した保守党政府は新たな対応を余儀なくされた．政府は，1923年住居法（チェンバレン法）において，再び補助金制度を導入して住宅建設を奨励した．この補助制度は，公営住宅建設よりも民間セクターによる住宅建設を促進するものであり，自治体の住宅建設予算に対する権限は以前に比べて制限され，その住宅供給は，民間セクターによって住宅ニーズを満たすことができない部分に限定された．民間業者には1戸当たり75ポンドの補助金が交付される一方，地方自治体には1戸当たり6ポンドが20年にわたって交付されるというものであった．そのため，残りの建設コストは自治体が独自で調達せねばならず，1929年までにこの補助制度の下で供給された公営住宅は7万5,900戸であった．

これに対し民間住宅建設は36万2,000戸にも上った（Malpass & Murie 1999）[5]．図2-1は，住宅建設戸数の推移を示したものであるが，アディソン法の下では地方自治体の住宅建設戸数が急増しているのに対して，1923年以降では民間セクターによる建設戸数が圧倒的に多くなっている．また民間セクターによる住宅建設戸数の増加は，当時の経済政策にも後押しされて

(1,000 戸)

地方自治体
民間業者

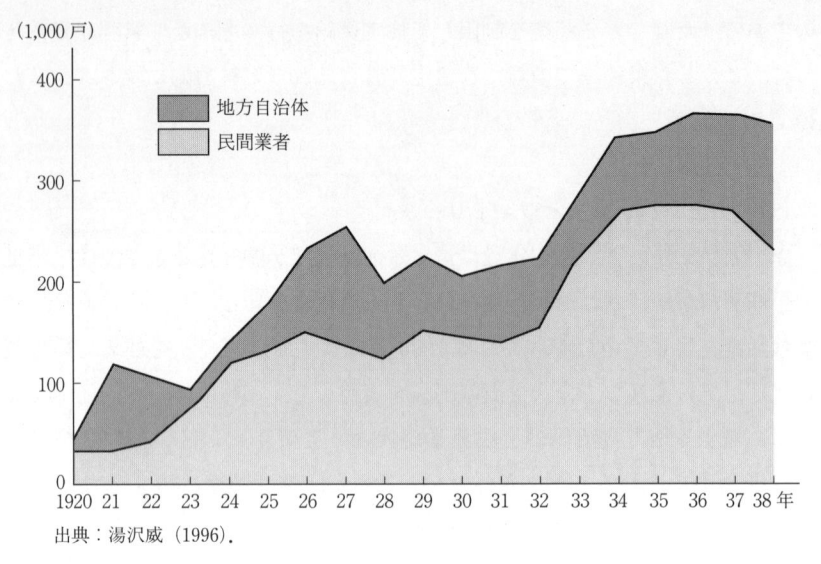

出典：湯沢威（1996）．

図 2-1　住宅建設戸数（1920-38 年）

いた．当時のイギリス経済政策は，それまでの綿工業や鉄鋼業，造船業，石炭業を中心とした輸出依存型から電機，電力，自動車産業などを中心とする新産業に依存した内需拡大型へとその重点を移していた．内需拡大策は住宅建設促進の後ろ盾となり，住宅をはじめとする建設業の成長をも促進したのである（湯沢 1996）．

1923 年末には再び総選挙が行われ，労働党と自由党の連立政権が誕生した．新政権下では，当時保健省の大臣であったジョン・ウィトリーの意向が強く反映された住宅（財政規定）法が制定された．ウィトリーは，公営住宅の供給を支持し，将来的には公営住宅が労働者階級の住宅として，民間賃貸住宅に置き代わることを望んでおり，15 年間で 250 万戸の公営住宅を建設する計画を示した．

前政権下で制定されたチェンバレン法の特徴が民間セクター奨励型であったのに対して，ウィトリー法は明らかに公営住宅建設奨励型であった．ウィトリー法の補助は，チェンバレン法の補助と比較して，その補助率が高く，

表 2-1　住宅の所有形態

(世帯数単位：1,000)

	持家（%）	民間賃貸（%）	公共賃貸（%）	総ストック数（%）
1914	750（10）	6,750（90）	20（0.3）	7,520（100）
1938	3,680（32）	6,670（58）	1,200（10）	11,550（100）

注：Power（1993）より作成.

長期間利用することができるという利点があった，この法律によって，公営住宅は戦後の応急対策としてではなく，長期的な展望をもって供給されるようになった．その結果，ウィトリー法の補助によって，1933年までに50万5,000戸の公営住宅が建設された（Malpass & Murie 1999）．その後も公営住宅は供給戸数を伸ばしていき，1930年代末には公営住宅の割合は全住宅ストックの10％を占めた（表2-1）．

チェンバレン法とウィトリー法の補助制度は，非営利組織も利用することが可能であった．どちらの補助制度でも，非営利組織には有利な補助率が適用された．またウィトリー法の施行後も1929年まではチェンバレン法が継続していたことから，非営利組織はウィトリー法（1戸当たり9ポンドを40年間）かチェンバレン法（1戸当たり6ポンドを20年間）かの補助枠を選択することができた．

(4) 厳しい活動状況

しかしこうして1919年以後非営利組織の活動を補助するいくつかの仕組みが開始されたにもかかわらず，1920年代は非営利組織にとって活動を継続・発展させることが大変困難な時期であった．

まずはそれぞれの補助の下で非営利組織がどれほどの住宅供給を行ったかを見てみよう．アディソン法では，非営利組織は地方自治体よりも融資条件が優遇されていたにもかかわらず，136の住宅供給計画を通じて，4,545戸を供給しただけであった（Malpass 2000）．

一方チェンバレン法とウィトリー法については，それぞれの法律の下で何戸建設されたかは明らかではないが，非営利組織が中央政府から補助を受け

て建設した住宅は，1919年から33年までに約2万9,000戸と推定されている（Malpass 2000）．この数字はアディソン法の下で補助された4,545戸を含んでいるため，ここから単純にその数を減じると，2つの補助制度では合計2万4,455戸が建設されたことになる．ただしこうした補助制度は一部の非営利組織にのみ利用可能であったため，全く補助を受けずに建設された住宅もあったはずである．またこれらの数には後に述べる既存住宅の改善戸数は含まれていない．したがって，この間の非営利組織の住宅供給活動は，この数字でのみ表されるのではない．ただ，公営住宅と比較すると，その供給量は第1次大戦前よりも，格段の差が生じはじめていた．つまり，この時期から地方自治体は，次第に賃貸住宅の独占的供給を図るようになり，それに抑え付けられるかのように非営利組織は活動の場を縮小していったのである．

　非営利組織の活動を困難にした主な理由の1つとして，戦後しばらくしてからの経済不況が指摘できるだろう．イギリスは第1次大戦終結後の1919年と1920年に戦後好況を迎えるが，翌年から急激に景気が後退した．その後景気は回復基調を見せるが，1930-32年の恐慌期を抜け出すまでは，全体として低迷した状況であった．アディソン法をはじめとする一連の住宅建設補助は，非営利組織にとっても活用可能なものであったが，補助金でカバーできない住宅建設コストを銀行や公共事業融資委員会から借り入れなければならなかったため，もともと経済力の強くない体質であったことも影響して，非営利組織は資金調達に大きな困難を抱えた．

　第2の理由は，建設コストの上昇であろう．アディソン法は，アンウィンやハワードの田園都市構想を取り入れて制定されており，補助を受けて開発される住宅は低密・低層であること，そして一定の広さと設備を備えていなければならなかった．公営住宅と同様に非営利組織が供給する住宅に対しても，こうした住宅の質に対する一定の基準が適用された．補助制度に付随した住宅の質のコントロールは，本来労働者階級の住環境を向上させようとする意図を含んで行われたものであるが，結果的に建設コストの上昇を招き，非営利組織の活動を停滞させる一要因となったのである．

実際アディソン法の下での建設補助に対して，ギネス・トラストは当初補助の交付を拒否されたという記録が残されている．ギネス・トラストが計画していた住宅が5階建てのフラットであり，補助基準に適応しないものであったことがその理由とされている[6]（Malpass 2000）．

さらに言えば，建設コストは，補助制度のコントロールによってのみ上昇したのではない．既述のように第1次大戦直後のインフレの影響と建設資材や労働力の不足が大きく影響していることにも注意せねばならない．

非営利組織の活動を困難にした第3の理由は，家賃統制の継続である．既述のように，非営利組織の住宅にも家賃統制は適用された．建設コストが上昇する一方で，家賃上昇が制限されると家主の収入は減少する．こうした収入の減少が再投資を困難にし，非営利組織による新規住宅供給についても戸数の減少を招いたのである．

(5) 住宅建設ブームとスラム・クリアランス

1920年代の不況期からの回復は，1930年代に入ってからであった．1932年に景気は底をつき，以後緩やかな回復傾向を見せ始める．と同時に，住宅建設はブームへ突入した（前掲図2-1）．1933年以降年間20～35万戸ほどの住宅が建設された．このうち1931年から33年については，建設された住宅の70%は民間業者の手によるものであった．

こうした民間住宅建設業者の成長は，いくつかの要因が複合してもたらされた．地代や建設資材や人件費など住宅建設にかかるコストが低く抑えられたこと，金利が低下したこと，一般世帯の所得が向上したことなどである．

もうひとつ民間住宅建設に大きく貢献したのは，住宅組合（Building Society）からの住宅ローンの拡大であった．住宅組合は住宅を取得することを目的として設立された互助組織である．1930年代，住宅ローンの平均返済期間が長期化され，住宅購入者に安価な信用が供給されるようになり，住宅需要を喚起したのである．住宅組合は1919年から39年までの間に，200万を超す世帯に融資を行っており，こうした組合からの融資は住宅建設の75

％を占めるほどであった（Pollard 1992）．住宅金融の発展にともない住宅資金の調達が容易になったことによって，持家が上層を中心に労働者階級にも浸透し始めたのである．当時，労働者に貸し付けられたローンは，全貸付金額の40％を占めた（Power 1993）．

このように1930年代を通じて住宅建設は大幅に増加し，住宅不足はそれだけ緩和されたが，貧困層がスラムから抜け出すまでには至らなかった．民間業者による供給も，初期の公営住宅と同様，新たにホワイトカラー層に参入した比較的裕福な労働者階級向けの住宅が中心であり，貧困層に手の届くものではなかったのである．

一方，住宅建設への公的補助は新規住宅建設よりも，既存住宅の質の向上にその重点を移行させていった．1920年代は，住宅不足に対応して住宅戸数を増加させることが政策の主要課題であったが，1930年以降はスラム・クリアランスにその主眼が置かれるようになった．第1次大戦後は深刻な住宅不足を背景に，スラム・クリアランスはほとんど実施されなかった．質の悪い住宅でも無いよりはましであると考えられていたのである．しかし，住宅建設補助の下で公営住宅や民間住宅の供給が進み，安定した住宅を手に入れることができる層が増えるにつれて，スラム地区が対策から取り残されている事実にも目が向けられるようになった．スラムに対する関心とともに，政府の無策を批判する声も高まった．

こうした声を受けて，1930年労働党のマクドナルド政権はスラム・クリアランス事業を促進する法律を制定した（グリーンウッド法）．スラム・クリアランスはこれまでも行われてきたが，グリーンウッド法はクリアランス後に従前居住者を再入居させる住宅の確保に関して，地方自治体に初めて責任があることを示し，供給する公営住宅の家賃は従前居住者にもアフォーダブルな額とすることを求めた点で，これまでの法律と大きく異なっていた（Power 1993）．1933年には，これまでの公営住宅建設に対する補助が一般住宅に適用されなくなり，地方自治体は，スラム・クリアランスの受け皿住宅建設に対してのみ補助が交付されることとなった．さらに1935年住居法

では，過密居住の解消に関しても，地方自治体が責任を負うようになり，これに対する5カ年計画の策定と実施が義務づけられた．ちなみにこうした政策転換は，普通選挙権の実現を背景に，スラム地区居住者の票を取り逃すことになりかねないという政治的意図が働いたからであるとの見方もある（横山 1998）．

ところが，このような積極的な対策にもかかわらず，問題は解消されなかった．1930年代を通じておよそ27万3,000戸がスラム・クリアランスで撤去され，ほぼ同数の住宅が新規供給された．しかし，クリアランス事業によって劣悪な環境から脱出できたのは，110万人ほどであり，当時300万人がスラムに住んでいたことから判断すると，クリアランス事業の効果は3分の1ほどであった．また，地方自治体によって強制的に移住させられた住民が，再び別のスラムに入り込んでしまうこともあった．

ともあれ，こうした1930年代初めの建設ブームとスラム・クリアランス事業の推進は，少なからず非営利組織の活動にも影響を及ぼした．非営利組織は，地方自治体と共同して住宅改善や新規供給を行うようになっていた．ロンドンでは，1938年までに，34の非営利組織が40の地方自治体と共同して7,697戸の住宅を手がけたという記録が残っている（Malpass 2000）．

グリーンウッド法の効果が疑われる中，「住宅部局委員会（Departmental Committee on Housing）」が，1933年に住宅政策に関する提言をまとめた報告書（Moyne Committee Report）を発行した．報告書には，非営利組織を活用して住宅供給や改善を行うべきとする内容や，非営利組織の活動を促進するための中央非営利組織会議（Central Public Utility Society Council）および中央融資局（Central Funding Authority）の設置の提案などが含まれていた．しかし，実際には，地方自治体が住宅供給という領域を死守しようとしたことと，国民の住宅に関する責任を政治が放棄することになると考えられたこと，非営利組織が未だ全国的に普及していなかったことなどの理由によって，結局この報告書の提言は実現しなかった．

1935年に制定された住居法の住宅改善に関する内容は，この報告書の提

案を基礎にして策定された．そのためこの法律のなかでも，非営利組織による住宅供給や住宅改善への期待は僅かであり，それどころか，地方自治体の役割を一層重要視する内容になっていた．マルパスは，委員会報告書が非営利組織の活躍を期待したものであったにもかかわらず，1935年住居法にこうした内容が全く考慮されなかったことが，その後の非営利組織の住宅供給における役割を矮小化させた要因であると指摘している．

「地方自治体が不良住宅に対して十分な措置を取っていない地域において，非営利組織がそうした不良住宅を買い取り，改善する活動を行うことを拒否したことや，中央非営利組織会議や中央融資局を設置しなかったことが，非営利組織をして自治体の自由裁量に大きく依存した体質を維持させ，周辺化させたのだ」(Malpass 2000, p. 104)

また1935年住居法は，過密居住法としても知られているが，非営利組織にとっては，「ハウジング・アソシエーション（Housing Association）」という総称が付与されたという点に触れておかねばならないだろう．住宅供給・管理に関わる非営利組織は，20世紀に入ると一部の非営利組織を総称して公共事業協会という言葉が用いられるようになっていた．その後，1935年法の下で，株主に対して財務省が設定した低位の配当率を適用して賃貸住宅を供給する会社やトラスト，組合などをハウジング・アソシエーションと呼ぶようになった．

(6) 非営利組織の叢生

以上述べてきたように，1920-30年代は，19世紀末から20世紀初頭に設立された既存の非営利組織が，活動を継続・展開するには，大変厳しい環境であった．しかし，それにもかかわらず，この時期には新しい組織が多く設立されており，19世紀末に続く第2の非営利組織の成長期と捉えられている（Malpass 2000）．

こうした非営利組織設立の波が起こった背景には，次のような事情があった．すなわち，公営住宅が労働者階級の比較的裕福な層を対象とした住宅であったため，劣悪な環境にあったインナーエリアのスラムに対する対応が不十分であり，貧困層は劣悪な状況に見捨てられたままであったことである．一方で，中間層は住宅不足の切迫した状況から抜け出しつつあった．彼らの問題が緩和されるにつれて，富裕層の目は次第に貧困層の住む劣悪な環境に向けられるようになり，彼らは次第に非営利組織を設立し，活動を始めるようになったのである．この時期に設立された非営利組織の多くは，こうして自治体から見放されたインナーエリアの改善に力を注いでいた．

しかし，これらの非営利組織についてその正確な数は明らかではない．当時，非営利組織に関する公式な統計は発表されていなかった．そこで，非営利組織全国連合（NFHS）の記録からその数を見てみよう．それによると，活発な活動を行っている組織は 224 ほどあると推計されており，そのうち 170 組織が NFHS に加盟していた（Best 1991）．

この 170 組織は，平均で 93 戸の住宅を所有・管理しており，最も大きい組織でも 930 戸を所有している程度であった（Malpass 2000）．このなかでも，1920 年代後半から 30 年代に設立された組織は，概して既存住宅の改善事業に従事する傾向にあった．また，この多くは，オクタビア・ヒルが確立した住宅管理を重視するアプローチを採用する傾向にあった（Best 1991）．

では，この時期に設立された非営利組織を個別に見てみよう．例えば，1925 年ロンドンに St Pancras House Improvement Society（現在の St Pancras and Humanist Housing Association）が設立された．St Pancras は，地域の荒廃を見かねたモードリンカレッジ伝道団（Magdalen College Mission）の長であったバジル・ジェリコー（Basil Jellicoe）らによって設立された組織であり，主として，荒廃した住宅を買い取って改善事業を施し，地域住民へ再供給する活動を行っていた．St Pancras House Improvement Society のような資金力の弱い小組織にとって，古い住宅を新しくして借家人を移動させることは，コストも時間もかかる難しく複雑な仕事であった．

St Pancras House Improvement Society などの小規模組織は，外部からサービスを購入することによって有給職員を極力少なくし，経費削減して，こうした困難を乗り切っていた．

バーミンガムでも，1925 年に Birmingham COPEC House Improvement Society が設立されている．1924 年にバーミンガムで，イギリスの各キリスト教宗派の代表が集まり，社会改良について議論する会議が開かれた．その後代表の数名がそれぞれ地元に戻り，有志を集めて同様の議論を行い，社会改良の考えを実践に移すための準備が行われるようになった．そのうち，住宅改善を行う組織として設立に至ったのが，Birmingham COPEC であった．COPEC も St Pancras と同様バーミンガム市内の不良住宅の改良に力を注いだ．1925 年に 19 戸の既存住宅を買い取り，改善を施したのが COPEC 最初の事業である．その後 1939 年までに約 3,787 戸の住宅を手がけている．

スラム地区を対象として既存住宅の改善を図る組織が自生する一方で，民間企業が雇用者に住宅を供給するため，非営利組織の設立を支援する動きや，政府が直接非営利組織を設立する例も見られた．鋼鉄や造船産業の不況に直面して，多くの工場主は鋼鉄を使って住宅を建設することを提案した．スコットランド政府の支援を得て，Second Scottish National Housing Company が 1926 年に設立され，1926 年から 1928 年に 2,500 戸のスチール住宅をグラスゴーなどに供給した．この他，1930 年代末には，North Eastern Housing Association Limited や Scottish Special Housing Association Limited，Northern Ireland Housing Trust が，政府によって直接設立されている．

(7) 非営利組織全国連合の結成

1920-30 年代の非営利組織設立ブームが追い風となって，非営利組織に結集して力をつけていこうという動きが起こった．彼らは，田園都市計画協会（Garden Cities and Town Planning Association）の支援の下，1935 年非営利住宅組織全国連合（National Federation of Housing Societies: NFHS）を設

立した.田園都市計画協会が,非営利組織の主唱者となって,1932年に非営利組織の全国集会を主催し,全国連合の設立を提起した.その後,1934年に第2回集会を開催し,参加していた非営利組織の代表らによってNFHSの設立が承認された.NFHSは,非営利組織が住宅事業や資金調達を行う際に助言を行ったり,新しい組織の設立を支援したりする役割が付与された.当時田園都市計画協会の活動を取り仕切っていたアルフレッド・パイクが,NFHSの初代幹事となり活動の体制を構築していった.

NFHS設立当初は,加盟組織は75であった.その頃積極的に活動を行っていた組織が226であったことを考慮すると,75の加盟はいささか少なく感じられる.設立時の加盟組織は,田園都市運動を支えた組織や1920年代から30年代初めに設立された比較的新しい組織が大半であった.その後,設立から1年以内にその数は92に増えた.19世紀末に設立されたモデル住宅会社やトラスト,救貧院などは,NFHSへの加盟に積極的でなかった.マルパスは,これらの組織が加盟しなかった要因について,十分な証拠がないと断りつつも以下の点を指摘している(Malpass 2000).

1) NFHSが主として低層・低密の住宅開発を行ってきた田園都市組合とインナーエリアの既存住宅改善に取り組む新興組織であったため,都市部やその近郊に積層型の住宅を供給してきたモデル住宅会社やトラストなどとは,主要な活動が異なっていた.
2) 活動の相違は,住宅供給の理念の相違でもあり,田園都市計画協会が,モデル住宅会社やトラストの供給する住宅を是とせず,NFHSがこれらの組織と共に活動することを望んでいなかった.

NFHSは1974年に全国ハウジング・アソシエーション連合(National Federation of Housing Association: NFHA)に,その後1996年には全国住宅連合(National Federation of Housing: NFH)に改称しており,現在1,400ほどの非営利組織が名を連ねている.

第2節　公営住宅と持家の狭間で

(1) 公営住宅の大量供給

1939年にイギリスは第2次世界大戦に突入した．大戦勃発までに建設された住宅は，それまでの住宅不足をかなりのところまで解消する数に達していた．

ところが，第2次大戦の勃発は新規住宅供給をほぼ停止状態に陥らせた上，45万戸の住宅を破壊し，300万戸に何らかの被害をもたらした．また，住宅の損壊に加えて，戦争終結後に爆発的な人口増加を迎えたことで住宅不足が加速し，イギリスの住宅事情は戦間期の努力も空しく，第1次大戦後のような状態に後戻りした．そのため，戦後の住宅政策の主要課題は，1960年代に至るまで住宅不足の解消にあった．そして，その主たる達成手段として，地方自治体による公営住宅の大量供給が用いられた．第2次大戦後の公営住宅は，第1次大戦後の供給量をはるかに上回る勢いで供給された．第1次大戦後から続く民間賃貸住宅ストックの減少と相俟って，第2次大戦後の賃貸住宅市場は，大戦間期以上に，地方自治体が供給する公営住宅がその大半を占めるモノポリー期を迎えたのである．

これは，他のヨーロッパ諸国と大きく異なるイギリス特有の事象である．というのも，ドイツやフランス，オランダなど主要先進諸国では，地方自治体による直接供給の数はわずかであり，主としてHAのような非営利組織を中心とする対策が講じられたからである．なぜイギリスが異なるアプローチを採ったかについては，未だ解明されていない[7]．ただ，地方自治体の直接介入というアプローチの採用が，第2次大戦後のイギリスでHAの発展を阻害したことは明らかである．

では，具体的に公営住宅供給数の推移を見ていこう．

戦後の住宅不足はおよそ150万戸と推定され，労働党と保守党の両党は，競って住宅供給を主要な政策課題とした．アトリー政権（労働党）は，公営

住宅を労働者階級に限定せず供給対象を拡大した上で，公共事業融資委員会が自治体に対して低利の融資を行うことと，住宅関連事業への補助金給付を行うことを表明した．こうした対策が功を奏し1945年から51年の間に，約90万戸の住宅が建設され，このうち約80％は地方自治体によるものであった（Malpass & Murie 1999）（図2-2）．第2次大戦後は，戦時法によって高い税率と生産や消費に対する様々な制限が課せられており，人的・財的資源が政府に集中したのである．

1951年に保守党へと政権交代をして以降も，公共と民間合わせて年間30万戸の住宅建設が目標に掲げられた．補助金も大幅な引き上げがなされ，1953年には公営住宅26万戸を達成し，公民合わせた年間住宅供給戸数は目標の30万戸を突破した．

その後，1956年に地方自治体の住宅建設に対する補助は，スラム・クリアランス事業とそれに関連する住宅供給を中心に行うように改正され，一般

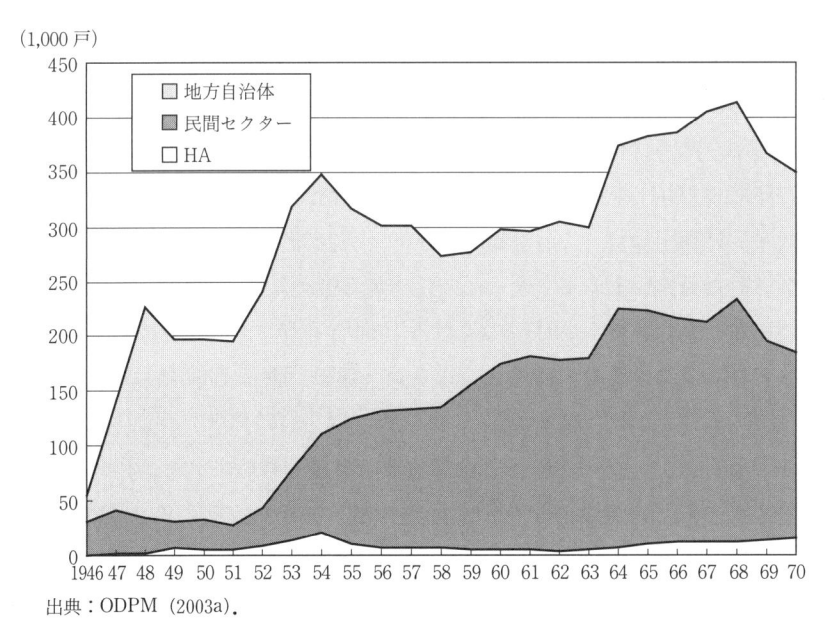

出典：ODPM（2003a）．

図2-2 イギリスにおける住宅建設戸数の推移（1946-70年）

世帯向けの住宅に対する補助は大幅に削減された．このため，公営住宅の供給戸数は減少し始めるが，スラム・クリアランス関連の住宅供給にはこれまでと同レベルの補助が交付されたため，全体では年間10万戸以上の供給量を維持していた．戦後から1955年までに建設された公営住宅は，あわせて168万戸に上る．この間に民間企業が建設した住宅戸数が48万戸であったことと比較すると，公営住宅の供給量がいかに大きかったかを窺い知ることができる．

　また，戦後の公共住宅の増大には，ニュータウン開発の貢献も忘れてはならない．1944年には大ロンドンのためのアーバークロンビー・プラン（Abercrombie Plan for Greater London）によって10の衛星都市（Satellite Towns）が提案され，1946年ニュータウン法によってそれが具体化された．1950年までに14地区がニュータウン開発地区に指定され，イングランドの南東部においておよそ7万5,000世帯の住宅ニーズを満たした（Power 1993）．

　この時期に建設された公営住宅の多くは，大量供給に適したプレハブ工法が採用され，これまでの伝統的な工法に基づいた戸建て住宅や二戸一住宅に代わって，高層フラットが多く供給されるようになった．政府も高層フラットの建設に対し，戸建てや二戸一住宅よりも割高な補助金を交付するなどして政策的に奨励した．この傾向は1960年代半ばまで継続し，この10年間に建設された公営住宅の半分近くはプレハブ工法によるフラットであった．

　地方自治体による公営住宅の建設は1964年以降，民間セクターとのバランスを図るため，再び一時的に高まるが，建設戸数は1968年以降急激に減少していく（前掲図2-2参照）．これ以後，地方自治体は公営住宅の大量供給から既存ストックの修繕へと住宅政策の力点を移行させた．1969年の住居法では一般改善地域（General Improvement Areas）を，1974年には住宅アクション地域（Housing Action Areas）を設定し，集中的な住宅改善プログラムを進めていった．こうした政策の方針転換は，まずは高額な補助金の交付を押さえるための手段であったが，1960年代末には住宅ストック数が

世帯数とほぼ等しい水準にまで増加し，住宅不足の一定の解消が図られたことにも影響されている（Malpass & Murie 1999）．

また，開発型から改善型事業への政策の方針転換は，1954年に再開されたスラム・クリアランスという一掃型の開発事業に対する居住者の不満の高まりにも影響されていた．スラム地区の物質的な住環境は劣悪であったが，貧しい生活の中，助け合いを通じてしばしば豊かなコミュニティが形成されていた．しかし，スラム・クリアランス事業は，居住者を都市郊外に建設された高層フラットに収容し，彼らがこれまで築いてきたコミュニティを崩壊させたのである．

(2) 民間住宅市場の動向

公営住宅建設と同様に，持家建設も着実に進んだ．1940-50年代における民間企業の住宅建設は，地方自治体のそれよりもかなり低いレベルであったが，1950年代半ばから，公営住宅建設が原則としてスラム・クリアランスに関連したものへ限定されその勢力を次第に弱めていく一方で，民間住宅市場の成長は著しく進んだ（前掲図2-2参照）．住宅建設に占める民間資本の割合は1951年に12.5%であったものが，1954年には28.5%，1958年には48%にまで上昇し，1959年には公営住宅の建設戸数を民間住宅のそれが上回るまでになった（横山1998）．民間住宅のカテゴリーには賃貸部門も含まれるが，民間賃貸部門のストック数はこの間激減しており，この民間住宅の成長は持家の成長としてみることができる．1914年には，全住宅に占める持家の割合はわずか10%であったが，第2次大戦後に急激な伸びを見せている（表2-2）．1969年には49%，1970年代にはいると悠に50%を超えた．

政府は，民間市場の成長を横目に睨みながら，公営住宅の建設を中心とした政策から，次第に民間資本を積極的に活用する政策へと転換しはじめた．戦後直後に見られた絶対的な住宅不足を量的に克服した一方で，公営住宅のハイレベルな供給と管理に関わる地方自治体の財政悪化が問題視されるようになったことが，政策転換の大きな要因のひとつである．こうした政策転換

表 2-2 イギリスにおける住宅所有形態 (1945-79 年)

年	公共賃貸 (%)	持　家 (%)	民間賃貸* (%)
1945	12	26	62
1951	18	29	53
1961	27	43	31
1969	30	49	21
1971	30.8	52.7	16.5
1979	31.9	54.6	13.5

* ハウジング・アソシエーション住宅を含む.
出典：Malpass & Murie (1999).

に基づいて，本格的に持家取得支援が開始されるのは，1960 年代に入ってからであった．

1967 年住宅補助金法 (Housing Subsidies Act) では，低所得者層の持家化を促進するため，住宅ローンの金利に対する税額を控除する優遇税制が導入された (Holmans 1987)．1967 年以前は住宅購入者の所得税率にローン利子額をかけた金額が控除されており，低所得者よりも高所得者のほうが控除額が多くなる仕組みとなっていたが，この法律により，所得が標準税率以下の住宅購入者のローンについては金利差が補助金で賄われるようになった（横山 1998）．また，金融市場の発展とともに，雇用の安定や所得の増加が労働者階級の住宅購入能力を向上させたことも，持家の発展に大きく寄与した (Marsh and Riseborough 1998, 山田 1996)．

1970 年代にはいると，より本格的に持家奨励の傾向が強くなる．1970 年代，インフレによって住宅価格が上昇したが，これはさらに持家の魅力を強調することになった (Marsh and Riseborough 1998)．1973 年，保守党は住宅白書の中で労働党による公営住宅政策を批判し，公営住宅の縮小と持家の拡大を強調した．そして公営住宅を入居 2 年以上の居住者に市場価格の 70〜80% の価格で売却することを表明した（横山 1998）．労働党は，この公営住宅の売却自体には反対を示したものの，持家の拡大・奨励については，労働者階級からの要求も強く，認めざるを得ない状況であった．

賃貸住宅から持家への転換は，公営住宅 → 持家の流れだけではなかった．

実際1970年代における公営住宅の払い下げは，それほど大きなインパクトを持つものではなかった．これよりもはるかに持家増加に貢献したのは，民間賃貸住宅→持家の流れであった．

　民間賃貸住宅に関しては，1950年代に建設ライセンス・システムや家賃統制の廃止が行われ，活動の幅が広がったかに見えた．当時，民間賃貸住宅に対する政策は，それほど重要視されていたわけではなかったが，それが，戦間期から衰退傾向にあった民間賃貸住宅セクターの再興を目指すものであったのは事実である．しかし，この時期全住宅における民間賃貸住宅の割合は急激に減少している（前掲表2-2参照）．1965年までにおよそ250万戸の家賃統制が解除されたが，結果的に，民間賃貸住宅のストック数は家賃統制以前よりも減少することとなった．

　ストック減少の主要な原因は3つある．第1に，政府の賃貸住宅政策の失敗である．1957年の家賃統制解除と1965年の家賃統制は，民間賃貸住宅の活性化を目指して実施されたのだが，結果的にどちらもセクターの衰退をもたらした．1957年家賃法は，民間賃貸住宅の家賃レベルを市場レベルに回帰させるために，家賃統制を一部解除した．しかし，この法律によって，家賃は高騰したうえ，家主の多くは借家人の追い出しを図り，借家人の居なくなった空家を売却した．1965年家賃法では，こうした家賃高騰を抑えるために公正家賃制度[8]を導入したり，再び家賃統制を行ったりしたのだが，こうした家賃統制によって，民間賃貸住宅への投資から得られる収益が十分見込めなくなり，家主はより一層不動産の売却を望むようになった．その結果，多くの家主が民間賃貸住宅経営から撤退した．こうして政府の意図とは裏腹に，民間賃貸住宅のストックは大きく減少していった．

　第2の要因は，スラム・クリアランスによって劣悪なコンディションの民間賃貸住宅が一掃されたことである（表2-3）．既述のように，1950年代半ばに地方自治体の住宅供給の柱がスラム・クリアランスに移行したことを受けて，クリアランス事業によって撤去される住宅戸数は一気に跳ね上がった．1955年からの10年間で，スラム・クリアランスによっておよそ60万戸の

表 2-3　スラム・クリアランスの対象となった住宅数

	1939	1954	1965	1967
対象住宅数(100戸)	472	847	824	1,800

注：Power（1993）より作成．

住宅が取り壊され，その後1976年までにさらに100万戸が新たに撤去された（Power 1993）．住宅所有形態を見ても民間賃貸住宅はスラム・クリアランスが盛んに実施されていた50-60年代の減少幅が最も大きい．

　第3の要因は，持家志向の高まりである．前述のように，政府は持家取得を促進するための税控除を実施しており，賃貸住宅より持家を優遇したことが，一層庶民の持家志向を高めた．また，長期の住宅ローンを供給する住宅組合のような金融機関の発展により，持家取得への道が一部の裕福な層だけでなく，定職をもつ労働者階級にも拡大された．こうした持家志向の高まりに押されて，民間賃貸住宅は次々に売却され持家へと転換されていった．最終的に，民間賃貸住宅には住宅ローンにアクセスできない低所得者層が取り残されていった（Marsh and Riseborough 1998）．

(3)　ハウジング・アソシエーションの活路

　では，公営住宅大量供給や持家の増加に代表される第2次大戦後の住宅事情とそれらを牽引した住宅政策は，ハウジング・アソシエーション（HA）の活動にどう影響を及ぼしたのだろうか．

　まずは，第2次世界大戦そのものが，HAの活動に大きな影響を及ぼしたことに触れておかねばならないだろう．戦中は，徴兵や戦火を免れるための疎開によって人口が都市から流出したため，賃貸住宅経営は空襲による破壊に加えて，破壊を免れた場合でも家賃回収ができなくなるという困難に見舞われた．そして，戦後10年ほどの間は，前述のように，住宅政策が公営住宅の大量供給にその主軸をおいたことが，HAの活動の場を狭めた．

　こうした中，HAによる住宅供給活動には，1950年代にはほとんど政治的関心が払われなかった．新規の住宅建設戸数から判断しても，1953年か

らの3年間を除くと，戦後から60年代半ばまでその数はほぼ一定であり，かつ全体の住宅建設戸数に対する割合も1%を満たさないほど僅かであった（図2-3）．HAは戦前と同様に国庫補助や低利の融資を受ける資格を有していたのだが，その配分は地方自治体とは比べものにならないほど少ないものであった．

しかし，住宅供給量は僅かであったが，HAは地方自治体とは異なる独自の活動領域を見出して地道な活動を継続していた．公営住宅の大量供給が一般世帯向けの住宅ニーズに対応していたのに対して，HAは公営住宅へのアクセスが困難な高齢者や障害者などといった特別ニーズに対応した住宅供給に焦点を当てた．NFHSのメンバー334のうち，68がこうした特別ニーズ対応の組織として登録されていた．このほか，航空産業や鉄鋼業など特定の産業に従事する労働者を対象とした組織[9]や，自力建設組合などが多く見られた．

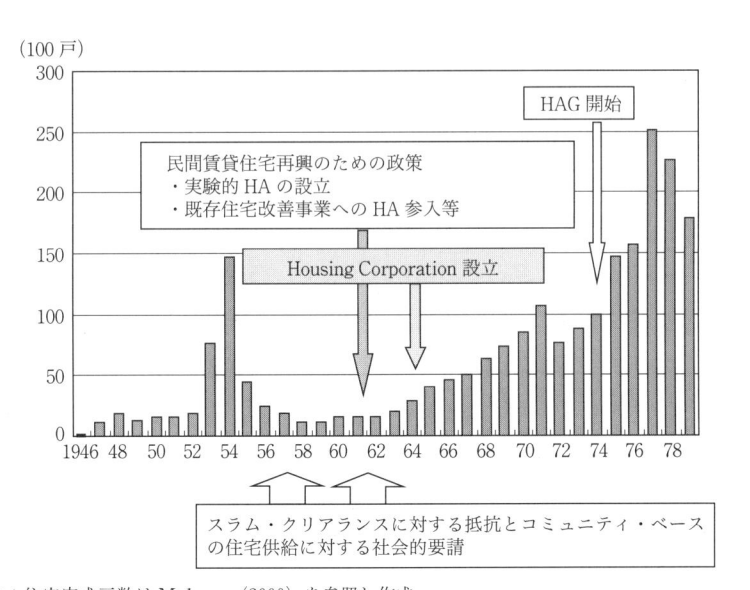

注：住宅完成戸数はMalpass（2000）を参照し作成．

図2-3　HAの住宅完成戸数（1945-78年）

表2-4 NFHSの登録メンバー数（1969年）

	組織数
一般世帯を対象とした組織	269
一般世帯を対象とした慈善団体	399
高齢者を対象とした組織	565
工場労働者を対象とした組織	81
コストレントとコ・オーナーシップ・ソサイエティ	436
合　計	1,948

出典：Malpass (2000).

　活動環境状況は厳しいながらも，HAの数は戦間期以降徐々に増加し，第2次大戦後にはかなりの数に上った．NFHSのメンバーは，1944年には僅か180であったが，1961年には679，1964年には1,141，1969年には1,948にまで増加した（表2-4参照）．さらに，HAの中には，NFHSのメンバーになっていない組織も多く，全体では2,000を超えるHAが存在したといわれている（Best 1997）．

(4)　成長を支えた要因

　HAが戦後再びその活動を活発化させたのは1960年代，とくにその後半に入ってからであった．公営住宅の大量供給の終焉を背景として，HAが住宅供給に介入していく余地が生じ始めたのである．HAは戦後直後に見出した特別ニーズへの対応という領域だけでなく，公営住宅と供給対象が重複する一般ニーズの領域でも再び活動を芽吹かせた．

　こうした60年代のHAの活動を促した要因は第1に政策的奨励であった．公営住宅大量供給というこれまでの政策を転換し，政府は，政策のプライオリティを公営住宅から民間市場の活性化に移した．この場合，市場の活性化対策は，持家の奨励とともに，衰退する民間賃貸住宅の再興も含まれていた．そこで目に留まったのが，HAであった．民間賃貸住宅の持家化が進む中，零細な民間家主に市場を活性化させるだけの力があるとは見込めなかったのである．

HA が注目された背景には，さらに，賃貸住宅市場が地方自治体の独占状態となっていることに対する保守党政府の懸念が強くあったことも付け加えておかねばならない．保守党政府は，地方自治体による賃貸住宅（公営住宅）の独占的供給に対抗する手段としても HA を活用しようとしたのである．

　保守党政府は，手始めに HA が労働者階級にとってアフォーダブルな賃貸住宅を供給するための基金を準備し，低利のローンを提供した．政府としてはこのローンを利用することによって，週賃金が 12～18 ポンドの世帯が週家賃 1.5～4 ポンドで借りることができる住宅が供給されるようになることが目標であった（Malpass 2000）．これは当時の公営住宅よりも高収入世帯を対象としており，課せられた家賃も公営住宅家賃よりも高いレベルであった．このことから政府が HA に期待していたことは，比較的裕福な労働者階級向けの住宅供給であったことがうかがえる．この基金の恩恵に与ることができなかった一部の HA[10] は，その基準に適合する新たな組織を設立した．この意味でも政府は HA の成長を促進したと言えよう．

　さらに 1961 年には，労働者階級向けの賃貸住宅供給を担う HA を実験的に設立するスキームも実施された．コストレント（cost rent）[11] とコ・オーナーシップ（co-ownership）住宅[12] 組織がそれである．1963 年までに 39 のコストレント・ソサイエティと 5 つのコ・オーナーシップ・ソサイエティが設立された．

　1964 年には，コストレントやコ・オーナーシップ住宅の開発を行う HA の設立が一層奨励され，これらの組織に融資を行うことを目的としたハウジング・コーポレーションが設立された．コーポレーションの設立に組み込まれた HA の奨励策は，1961 年のものより規模が大きく，コストレントとコ・オーナーシップ住宅の建設に対する 2 億ポンドの融資とそれを補足するため 1 億ポンドを住宅組合から融資できるようにすることなどが含まれていた．図 2-3 よりコーポレーションの設立を契機に，HA の住宅供給戸数は明らかに増加していることが確認できる．コーポレーションの設立は，HA の

活動の拡大に相当の効果をもたらしたといえよう．

　1964年を境に住宅供給の総数が増加したことは先ほど確認したが，では1961年と64年の奨励によって，どれほどのコストレントとコ・オーナーシップ住宅が建設されたのであろうか．マルパスによると，1961年から63年までに合わせて5,540戸の建設が確認されている．このうち102戸がコ・オーナーシップ住宅である．当初，コストレント住宅の供給戸数はコ・オーナーシップ住宅を上回っていたが，後にコストレント住宅は，金利の上昇とともに次第にその数を減少させていき，1970年頃には新たな計画が申請されることすらなくなった．1970年の時点ではわずか1,575戸がプロジェクトとして進行していただけであった．コストレント住宅は1972年の住居財政法で正式に終止符が打たれ，後に公正家賃住宅へと転換された．一方コ・オーナーシップ住宅は全国で1980年までに3万6,306戸が完成しており，その大半は1973年までに完成したものであった．

　コストレントやコ・オーナーシップの実験は，供給戸数の点および民間賃貸住宅市場の再興という意味では，大きな成果を挙げたとは言えない．しかし，HAの設立を直接奨励した事業であるという点でその意義は大きい．また，実際こうした奨励策がきっかけとなって，新たにHAの設立が促進されたのは事実であり，60年代の諸政策はHAの成長を一定程度促したと言える．

　ただし，注意を要するのは，この時期に新しく設立された組織は，19世紀末に設立されたものとも，1920年代に設立されたものとも性格を異にする組織であったという点である．もともと，政府が定めたターゲット層からも分かるように，コストレントやコ・オーナーシップ住宅は，比較的高収入の人々を対象としており，低所得者層や劣悪な住環境から労働者階級を解放しようと活動してきた伝統的なHAの理念にはそぐわないものであった．コストレント・ソサイエティやコ・オーナーシップ・ソサイエティは，その設立から活動にいたるまで中央政府の意向が強く反映されており，マルパスはこれらの組織に現代のHAと共通点を強く見出している（Malpass

2000)．

　政府による HA の支援は，コストレントやコ・オーナーシップのような新しい試みだけでなく，HA がこれまで地道に活動を続けてきた分野にも向けられた．それは，高齢者向けの住宅供給の促進である．1961 年，HA による高齢者向け住宅の供給に対して，地方自治体並みの高レベルな補助を得る資格が与えられた．1962 年には，高齢者向けの住宅供給を行うことを目的として新たに 40 の HA が設立されている．高齢者ケアを専門とする組織が，高齢者向けの住宅を供給する HA の設立やその活動を支援するという例も見られた．ただし，重ねて指摘しておけば，政府が奨励した HA の活動は，主として比較的裕福な層に対する住宅供給と高齢者をはじめとする特別ニーズに対応する住宅の供給であり，それらは決して衰退した民間賃貸住宅市場を活性化するほどの効果を発揮したわけではなかった．

　1960 年代における HA の発展を支えたもうひとつの要因は，スラム・クリアランスに対する住民の強い反発であった．前述のように 1950 年代の半ばから積極的に実施されたスラム・クリアランスは，住民のこれまでの生活やコミュニティのつながりを一掃するものであり，住民の大きな反発を招いていた．クリアランス事業への反発がコミュニティ・ベースの住宅供給に対する強い社会的要請となって，インナーシティを中心に既存住宅改善事業を行う HA の新規結成を促したのである．地方自治体は住民の不満や自治体の財政難といった問題に直面したことで，一掃型のクリアランス事業を次第に既存住宅改善型事業へと転換していった．また，1967 年には HA による既存住宅の改善事業に対して国庫融資が拡大され，この領域での活動に拍車をかけた．

　1920-30 年代にも，インナーシティのスラム問題に取り組む HA の設立が相次いだが，60 年代に設立された HA は，再開発が主流であった時代に既存住宅の改善事業を精力的にアピールしており，公営住宅への入居資格のない人や既存コミュニティの存続を望む人々を対象として活動を行っていた（Malpass 2000)．

またこの他にも，教会を基盤とした組織や，ホームレス支援組織として設立されたシェルターなどによる融資が HA の成長を支えたことが指摘されている．

注
1) 供給された公営住宅は当初の目標の半分にも及ばなかったが，以前の補助制度の下で供給された戸数と比較すれば，かなりの増加である．
2) 復興省によって設立された労働者階級の住宅供給対策委員会（A Committee on the Provision of Dwellings for the Working Classes）の委員であったアンウィンが，彼らの田園都市の考え方（低密・低層住宅の供給）を委員会の方針に反映させた．
3) 公共事業融資委員会は，非営利組織が既存の住宅を買い取り，労働者階級向けに改善する事業を促進するための融資も行っており，非営利組織の活動促進に大きな役割を果たしていた．
4) ギネス・トラストは，産業に登録されていない慈善事業トラストであったが，補助を受けて住宅供給を行った事実が確認されている．しかしギネス・トラスト以外には，産業に登録されていない組織が補助を受けたという記録はない（Malpass 2000）．
5) チェンバレン法の補助制度は，1929 年に終了した．
6) ギネス・トラストは最終的に階数を減らして 160 戸の住宅に補助を受けた．
7) 1980 年以降公営住宅の解体化が進み，HA が地方自治体に代わって社会住宅の主要な供給・管理主体を担うようになったことで，イギリスが大陸諸国と同様の道を歩み始めたことの是非について，学者らの間で議論が展開されている．
8) 公正家賃制度の下では，家賃事務所（Rent Office）によって，建築年数や住居の特徴，立地，修繕の状況，他地域での住宅需要と供給のバランスなどが考慮され，額が決定される．1972 年には HA の家賃にも公正家賃が適用された．
9) Coal Industry Housing Association は 1952 年に設立され，1953 年から 1955 年までに 1 万 7,000 戸の住宅を供給している．図 2-3 HA の住宅完成戸数の中で，1953-55 年の戸数が群を抜いているのは，このためである．
10) 19 世紀末に設立された慈善事業トラストは，基金からの融資を受ける資格が与えられておらず，コストレント住宅の供給スキームからも排除されていた．
11) コストレント住宅は家主が個々の住宅を供給するためにかかる費用を計算し，借家人に家賃として貸すシステムを利用した住宅．費用にはローンの返済や，管理費用，メンテナンス費用，空家の損失補填などが含まれる．
12) コ・オーナーシップ住宅は，居住者が組合の一員となり，住宅の建設資金の一部を拠出する．組合員はその住宅を賃貸するが，退去する際，居住年と支払った

家賃の額によって，住宅の価値の増加に対する配当を得る権利を持つことができる．

第3章 ハウジング・アソシエーションの胎動期

　HAの活動は，1974年を境として政府の住宅政策へ包含される色彩を強めるとともに，1960年代に見られた成長の兆しが，より確実なものとなっていった．こうした状況は，HAが住宅政策の道具になったと揶揄されることもあったが，1979年にサッチャー保守党政権が誕生するまで積極的に住宅供給を展開し，それまでにない活躍を見せ始めたことも事実である．

　ところが，サッチャー政権下で状況は一変する．中央政府対地方自治体という対立構図がこれまでになく鮮明になり，住宅をめぐっても持家対公営住宅の攻防が繰り広げられた．HAはこの対立構図の埒外に置かれており，政策的にはまったく見向きもされない状況に陥っていく．その意味では，この時期はHAにとって住宅政策に翻弄される試練の時期であった．しかし他方で，この同じ過程は，1990年代以降に見られる新たな活動展開の素地が形成されていく時期，胚胎期でもあった．

　本章では，HAの1970年代後半から1980年代にかけての活動の実態と，その後の活動展開を可能にした背景について明らかにする．

第1節　ハウジング・アソシエーションへの期待の高まり

(1)　経済の低迷と財政改革

　1970年代，イギリス経済は停滞傾向を鮮明にした．1950年以降，完全雇用と物価抑制という政策目標を達成するため，保守，労働の両党は，ともに有効需要の創出によって成長を促進するケインズ政策を採用した．しかし，

1960-73年のGDP平均は3.1%と，他のヨーロッパ諸国の5%前後を下回っており，国際競争力の低下が顕著であった．完全雇用の達成と経常収支のバランス，物価の安定政策との矛盾も広がり，特に1974年のオイルショックを契機に，本格的なスタグフレーションに陥ってしまった（駒村1999）．1974年と75年にはマイナス成長を記録する一方で，1975年のインフレ率は24%を超え，失業者数も100万人を超えていた．1973-79年のイギリスのGDP平均は1.5%にまで低下した．これは，日本の3.5%や他の主要ヨーロッパ諸国の2.5%前後と比較して，最も低いレベルであった（毛利1999）．

低成長が続き経済基盤が脆弱化する中で，中央・地方政府の財政状況は悪化の一途をたどり，これまで住宅をはじめ社会保障に多額の公的資金を拠出していた福祉国家政策のあり方に対して根本的な見直しが迫られた．住宅政策について言えば，財政難の影響が，公営住宅の新規建設や維持・管理を困難にし，次第に公営住宅供給を中心とした住宅保障のあり方に行き詰まりが見られるようになったのであった．1970年代は従来の福祉国家政策のエピローグであり，新自由主義政策のプロローグでもあった．

1970年，ヒース政権（保守党）は，逼迫した住宅財政システムの抜本的改革を掲げ，地方自治体に対する国庫補助金を建設補助から赤字補填補助へと変更し，家賃行政を全国一律の公正家賃制度に一本化することを打ち出した．つまり，これまで地方自治体は一般財源から住宅会計への拠出を行い，公営住宅の家賃を低水準に維持していたが，財政改革がこれを禁じたのである．こうした改革の結果，公正家賃の導入によって家賃が値上がりする可能性を考慮し，そして何より公的資金をより的確に必要とする層へ配分することを意図して家賃補助の制度も提案された．これらの提案は，公営住宅の家賃水準の引き上げと地方自治体が持っていた家賃設定の裁量を奪うこととなるため，労働党主導の自治体から強い反発を受けたが，一連の改革こそが「公平性」をもたらすものとして正当化され，1972年住居財政法で具体化された．財政難克服の手段として，また「公平性」を実現するための手段として，公営住宅制度を弱体化させる策が講じられようとしたのである．

ところが，1972年法は，金利や建設費の高騰の中で補助金支出を増大させたため，公共支出の削減を達成できなかった．さらに新しい補助制度は，制度自体が複雑であったため業務の煩雑さに対する不満も高まり，結局ヒース政権による住宅財政改革は十分な成果をあげることなく幕引きを迎えた．1974年の総選挙で制度の廃止を公約に掲げた労働党が勝利し，赤字補填補助金制度の廃止と，公営住宅の公正家賃への移行は阻止された．

　ちなみに，公正家賃制度はHAの住宅も対象としていた．しかし，労働党の公約による制度の廃止は，HAへの適用を含んでおらず，公正家賃はHAの住宅にそのまま適用されることになった．そのため，この時期，住宅価格が急騰した1971年からの数年間におけるHAの活動は，極めて厳しい環境の下での展開となった．

(2) 住宅政策への巻き込み

　1974年の総選挙で誕生したウィルソン労働党政権は，発足当初，新たな住宅建設補助制度を設けたり，自治体が民間住宅を買収し改善する事業を設けたりと，地方自治体の住宅事業の展開を促進する方針を打ち出していた．しかし，結局1970年代半ばには財政逼迫に耐えられなくなり，住宅支出の削減を余儀なくされた．

　財政が逼迫し，その対応として公共支出の削減が住宅へと向けられるなかで，政府は，公営住宅の供給・管理が困難になった自治体を補完するものとして，純粋な民間組織ではなく，一定のコントロールを維持できる組織，つまりHAをその担い手として位置づけた．

　HAの住宅政策への包摂は，1974年住居法の下で改正された補助金制度と，それに伴って義務づけられたハウジング・コーポレーションへの登録という方法で進められた[1]．ここにHAは，住宅政策の一翼を担うセクターとして中央・地方政府から一定のコントロールを受けるようになり，その組織的な性格を大きく転換させたのである．

　1974年住居法は，HAが低家賃の賃貸住宅を供給できる補助金制度の改

正を含んでいた．補助金制度の中でも，最も HA の活動を支えた補助金は，ハウジング・アソシエーション補助金（Housing Association Grant：HAG）であった．HAG は，コーポレーションが承認した新規住宅開発や既存住宅の改修に関連する事業に対して交付された（表 3-1）．また，建設コストが予算を上回っても，HAG は住宅建設完了後に HA に支払われる仕組みであったため，HAG によって補塡することが可能であった（Harriott & Mathews 1998）．

　HA が補助を受ける住宅の開発事業コストは，総合基準費用（Total Indicative Costs：TIC）の基準によって，コントロールされていた．HAG はこの基準に沿って交付されていたが，その総コストに対する補助率は一般世帯向けの住宅建設では平均して約 85％，ホステルなどの特別プロジェクトなどではほぼ 100％ であった．HAG でカバー出来ない分については地方自治体や公的金融機関からの融資が準備されていた．さらには，住宅維持管理手当て（Allowance）の支給や 1974 年までに累積した歳入会計の赤字を補塡するための補助制度（Revenue Deficit Grant）なども創設され，HA の活動促進が図られた．結果，HA は多額の公的補助を受けることができるようになり，その住宅供給戸数は大きく増加した（前掲図 2-3）．

　しかし，手厚い補助金受給の代償として，HA はコーポレーションへの登録が義務づけられ，その活動と財政に対してコーポレーションから監督を受けることになった．登録に際しては，補助金受給資格の基準を設け，これまで登録されていた組織を新たに再審査して新しい登録システムに移行させるなど，厳密な対応が行われた．この他，コーポレーションには，HA による

表 3-1　HAG の交付対象となるアクティビティー

●土地取得費用	●建築家などの各専門家の雇用費
●敷地開発事業	●開発管理費用
●新規建設事業	●開発事業中のローンに伴う利子など
●改築や改善工事，大規模改修費用	

注：Cope（1990）より作成．

不動産の処分を規制する権限も付与された．また，補助を受けた住宅は，地方自治体が抱える入居待機者リストから入居者の一定部分を選定せねばならないという条件が課せられた．

一方1974年住居法には，補助制度の整備だけでなく，新たに既存住宅の改善対策も盛り込まれていた．1960年代末から既存住宅の改善事業が積極的に行われてきたが，それをさらに一層推し進めるために住宅アクション地域（Housing Action Areas）の事業が創設された．住宅アクション地域事業では，地方自治体に対してHAと共同して事業を推進していくことが求められた．実際のHAの役割は，地方自治体と比較して限定されたものであったが，HAは地方自治体との協力の下，住宅改善事業の一端を担う組織としての活動を拡充していった．1978年までに276の住宅アクション地域が指定され，そのうち195の地域でHAと自治体との共同事業が確認されている（Malpass 2000）．

HAの住宅政策への巻き込みは，すでにヒース政権下でも議論され，当時発行された住宅白書の中でも触れられたが，結局，それは労働党への政権交代を契機に実現した．ただし，この事実の背景には労働党と保守党の間に異なる意図が隠されていたことに注意を払わねばならない．

前章でも述べたが，HAへの積極的な支援はヒース政権以前の1960年代半ばにもすでに行われていた．1960年代から70年代にかけて，住宅の選択肢が事実上持家と公営住宅という2つに限定されるなか，地方自治体による独占的な賃貸住宅供給体制に反発していた保守党政権は，民間賃貸住宅再興の牽引車としてHAの活動を支援した．一方財政逼迫にさらされた1970年代の労働党政権は，住宅供給における民間市場の役割増大という流れの中で，地方自治体の賃貸住宅市場の独占に対する反発に対抗する，いわば次善の策として，中央・地方政府が住宅供給に対して一定のコントロールを保持できるHAに期待をかけたのである．

ここでもうひとつ注意を喚起しておこう．1960年代から70年代にかけて，HAは確かに住宅政策へ巻き込まれていった．しかし，1974年法における

補助制度の主眼は，HAによる新規供給ではなく，あくまで既存住宅の改善対策にあったということである．つまり，1960年から70年代にかけてのHAの活動奨励策は，結局のところ，公営住宅の大量ストックを前提に，持家志向の潮流にのまれて衰退した民間賃貸住宅セクターの不足を補完するものに過ぎなかった．支援策に支えられつつも，HAの所有する住宅戸数は全住宅のわずか2～3%を占めるほどであり，HAが真に住宅政策の実行部隊として認知されるには，なおしばらくの時間を要するのであった．

第2節　購入権政策とハウジング・アソシエーション

(1)　サッチャー政権の誕生

1979年の総選挙で政権の座についた保守党党首マーガレット・サッチャーは，「イギリス病」と呼ばれた経済不況を脱するため，肥大化した福祉国家から「小さな政府」を目指して国家の役割を縮小し，代わって市場の役割を拡大しようとした．赤字財政からの脱却とそれを可能にする公共・民間両部門の再編を大胆に実行しようとしたのである．

政府は，公共支出の削減や地方行財政改革による地方自治体の権限縮小，公共部門の民営化，規制緩和など民間市場を強化する政策を打ち出した．住宅政策に関しても，同様の方針が貫かれ，住宅に関する公共支出の大幅削減や公営住宅システムの解体，民間賃貸住宅セクターの再興，持家奨励が一気に進められていく．

公共支出の削減は，1980年に4年間で公共支出全体の5%削減という達成目標が打ち出され，そのうち住宅支出予算は48%の削減が予定されていた．実際には4年間で28%の削減にとどまったが，1996/97年までには60%以上の削減が達成された（豊永1998）．この他にも，地方自治体への住宅補助制度の改変や住宅関連支出にも利用できる一般交付金の支給制度の変更などを通じて，実質的に地方自治体の住宅会計へ流れる資金は大幅に削減された．

新たに導入された事業許可制度の導入や資本支出額の総額規制も，地方自治体による公営住宅への投資を徹底的に抑制するのに有効な策であった．1977年に導入された住宅投資事業計画（Housing Investment Programme：HIP）は，もともと中央政府と地方自治体が協力して住宅計画を作成するための仕組みとして起案されたものであったが，実質的には中央政府が地方自治体の住宅支出をコントロールする仕組みとして機能するようになった[2]（豊永1998）．こうして，地方自治体による新規住宅建設戸数（着工数）は，すでに1960年代以降減少傾向にあったものの，1980年には3万4,000戸にまで減少し，その後1988年には1万5,000戸にまで落ち込んだ（図3-1）．現在では，新規建設はほぼゼロに等しくなっている．

　また，既述のように，これまで一般財源の一部を住宅会計へ拠出することによって公営住宅家賃の上昇を抑えていたのだが，この仕組みも撤廃されることになり，地方自治体は公営住宅家賃の値上げを余儀なくされた．公営住宅の家賃は，1979年には週平均6.40ポンドであったが，1989年には21.14ポンドと3倍以上の額となった（図3-2）．

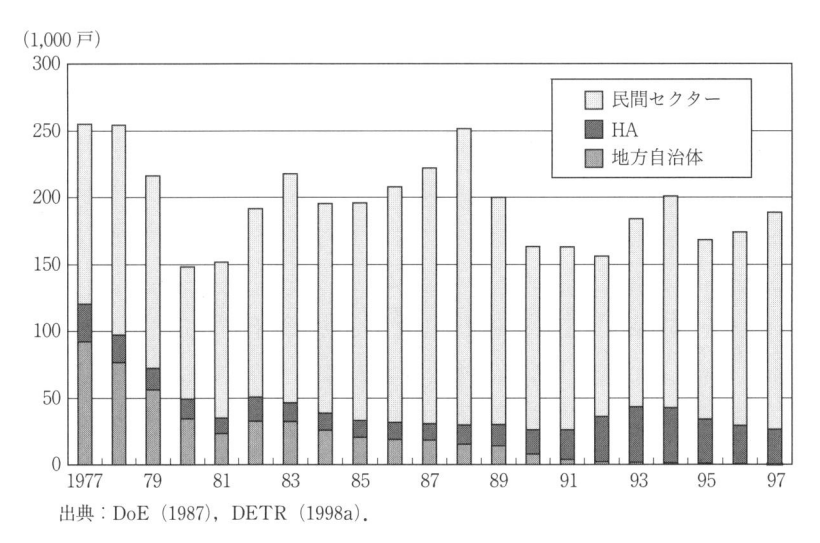

出典：DoE (1987), DETR (1998a).

図3-1 住宅着工戸数（1977-97年）（Great Britain）

(£)

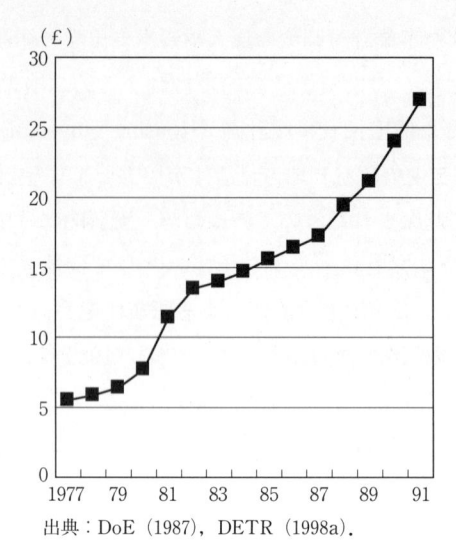

出典：DoE (1987), DETR (1998a).

図3-2　公営住宅の週家賃（England & Wales）

　中央政府による自治体住宅会計の圧迫は，公営住宅の新規建設のみならず，維持管理を行うだけの資金を確保することすら困難にした．1950-60年代に建設したプレハブ工法の高層公営住宅は，その居住性の悪さからすぐに不人気に陥り，1970年代にはすでに借り手の見つからない住宅が多く見られるようになっていた．公共支出の削減は，問題を抱える公営住宅への対応を鈍らせたため，とくに不人気住宅の荒廃を著しく進行させたが，やがて住宅全般の維持管理にも支障を来すようになり，日常修繕も満足にできない地方自治体のサービスに対して入居者の不満が高まっていった．

　公共支出の削減は，公営住宅に対してのみ実施されたわけではない．1974年から交付されているHAへの補助金も大幅な削減を見ることとなった．コーポレーションが承認した事業に含まれる戸数は，1979/80年には3万4,200戸であったものが，1980/81年には9,500戸にまで削減された（図3-3）．その後も80年代を通して平均1万8,000戸程度であり，公共支出の削減によってHAの活動もまた，後退を余儀なくされていくのである．

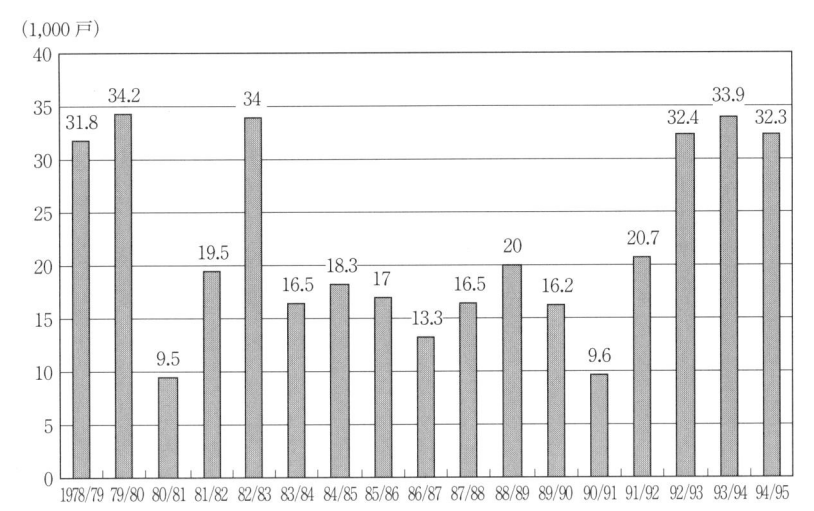

注：1991/92 年以降の数値は推定値である．
出典：Randolph (1993).

図 3-3　コーポレーションが承認した賃貸住宅戸数

(2) 購入権政策による公営住宅システムの解体化

住宅政策におけるサッチャー政権の目玉は，購入権（Right to Buy）による公営住宅の払い下げであった．

公営住宅の払い下げが最初に認められたのは 1925 年であるが，第 2 次世界大戦開戦とともに払い下げは中断されていた．その後 1951 年，保守党によって再開されたが，戦後の住宅不足が，労働・保守両党の間に公営住宅の大量供給というコンセンサスをもたらし，1950 年代後半まで払い下げはほとんど行われなかった．

しかし，1960 年代末以降，中央と地方の関係の緊張が強まるなかで，公営住宅の払い下げ政策がその対立における 1 つの焦点となっていった（豊永 1998）．

1970 年代を通じて払い下げの実施件数は，政権の座にある党の方針によって大きく異なっていた（Balchin 1995）．1970 年代前半は，保守党は払い下げに積極的で，労働党は消極的であった．1971 年保守党は，公営住宅に 2

表 3-2 公営住宅の払い下げ戸数と政権の動き

年	払い下げられた戸数	政権
1970	6,231	保守党
1971	16,851	保守党
1972	45,058	保守党
1973	33,720	保守党
1974	4,153	労働党
1975	2,089	労働党
1976	4,582	労働党
1977	12,019	労働党
1978	28,540	労働党

出典：Balchin (1995).

年居住する借家人に対し市場価格の2割引で,そして以後入居年数が1年増すごとに1%の割引を加え,最高3割引での売却を認めた.これにより1971-73年の3年間に払い下げられた公営住宅戸数は,9万戸を超えた(表3-2).1974年に労働党が政権に就くと,割引による売却が廃止されたため,払い下げ戸数は一気に減少する.しかし財政赤字の深刻化が,労働党の政策方針にも変更を余儀なくさせることとなり,政権の座から退く直前には保守党政権下並みの戸数が払い下げられている.

サッチャー政権下では,公営住宅の払い下げは購入権という概念・制度の導入と同時に一気に加速した.これまで公営住宅の払い下げは自治体の裁量に委ねられていたが,購入権の導入によって3年以上居住しているすべての借家人に買い取りの権利が認められ,払い下げ価格は,最低でも市場価格の33%,最高では50%にまで割引された.それ以前は最高でも30%割引であり,購入権政策での大幅割引は入居者の購買意欲を誘うものであった.また,自治体から低利の住宅ローンも供給され,住宅購入希望者には至れり尽くせりの環境が整えられた.こうした手厚い奨励の結果,表3-3に見られるように大量の公営住宅が売却された.この購入権政策は持家率を著しく上昇させ,住宅の所有形態の変化に大きな影響を及ぼした.すなわち,この政策によって大量の公営住宅ストックが持家へと転換した結果,持家は全住宅ストックの60%以上を占めるまでになったのである.それは,地方自治体の権限を縮減し,かつ住宅供給の市場化を図る上で最も効果的な手段であった.

もちろん,公営住宅の借家人による住宅の購入は,割引やローンの提供だけによって進むものではない.後述するような戦後の所得の安定的上昇と,特に80年代以降の住宅金融市場の発展という経済環境の諸変化が,借家人

表 3-3 購入権によって払い下げられた住宅戸数 (England & Wales)

年	地方自治体	ニュータウン公社	非営利組織	合計
1980	55	0	0	55
1981	72,496	1,194	547	76,218
1982	185,887	2,895	2,003	192,767
1983	125,884	1,863	2,140	131,870
1984	88,706	1,294	1,965	93,949
1985	81,584	949	1,522	86,040
1986	79,000	658	2,876	84,520
1987	89,513	827	2,114	94,441
1988	137,952	1,138	3,495	144,573
1989	152,190	1,390	3,927	159,496
1990	99,273	417	3,525	105,205
1991	54,796	197	1,972	58,956
1992	44,161	198	744	47,095
1993	43,902	215	730	46,840
1994	48,007	70	840	50,911
1995	36,225	27	670	38,917
1996	33,333	3	635	35,967
合計	1,372,964	13,335	29,705	1,416,004

出典：Wilcox (1997).

層においてもその支払能力を向上させ，持家志向を高める条件となった．その意味では，購入権政策は，このような市場的諸条件の基盤の上に，これを促進する役割を果たしたと見ることができる．

さらに，購入権とほぼ同じ目的で，1988年には借家人が家主を選択できる権利であるテナント・チョイス（Tenants' Choice）と公営住宅大規模自主移管事業（Large Scale Voluntary Transfer：LSVT）が導入されたが，どちらも購入権政策ほど効率よく払い下げを進めることはできなかった．1996年までに，購入権政策によって130万戸以上が持家化されたが，公営住宅移管事業では，約23万戸の公営住宅ストックが非営利組織へと移管されたにとどまる．しかし，購入権政策にこうした移管政策が加わる中で，持家の増大とは裏腹に公営住宅は10.7%も減少したのである（表3-4）．

しかし，公営住宅を解体するだけでは，低所得者を中心に居住の不安定化

表 3-4　所有形態の変化（Great Britain）

	全住宅戸数 (1,000 戸)	持家 (%)	自治体所有 (%)	非営利組織 所有(%)	民間賃貸 (%)
1981	21,094	57.7	29.0	2.2	11.1
1986	22,070	61.9	25.6	2.5	10.0
1991	23,000	66.0	21.6	3.0	9.5
1996	23,932	67.0	18.3	4.5	10.2

出典：ODPM（2003a）．

は避けられない．そこで，1982年住宅給付法によって，家賃支払いの困難な低所得者層が，家賃補助を受けられる仕組みが整えられた．住宅給付は，ストックの減少が進む公営住宅に代わって，低所得者層の住宅を保障する主たる制度として位置づけられた．公的な住宅保障の形態は，戦間期から続いた公営住宅の直接供給「ブリック・アンド・モルタル（煉瓦と漆喰，つまり住宅）への補助」から，個々人への金銭的補助を通じた直接補助「人（居住者）への補助」へとシフトしたのである．

(3) 持家の普及

ところで，1980年代における持家の急速な普及は，購入権政策の影響だけではなかった．1980年代における民間住宅建設の増加も，購入権を通じた公営住宅の売却とほぼ同じ割合で，持家の増加に貢献した（図3-4）．

すでに述べたように，持家はまず大戦間期に本格的に普及した．第2次大戦後しばらくは，公営住宅建設が保守党と労働党のコンセンサスの下で積極的に実施されたのだが，所得の上昇とともに次第に中産階級の持家取得が進み，すでに1960年代には両党とも持家取得を支援せねば国民の支持が得られない状況に至っていた．こうして住宅ローンの利子に対する減税の実施や住宅売却によるキャピタルゲインの課税対象の除外など，持家取得促進策が展開されるようになったのである．

しかし，こうした持家取得層への優遇税制や利子補給は，1970年代に財政を圧迫するほどの支出になり，政府内でも廃止の議論が持ち上がった．実

(10万戸)

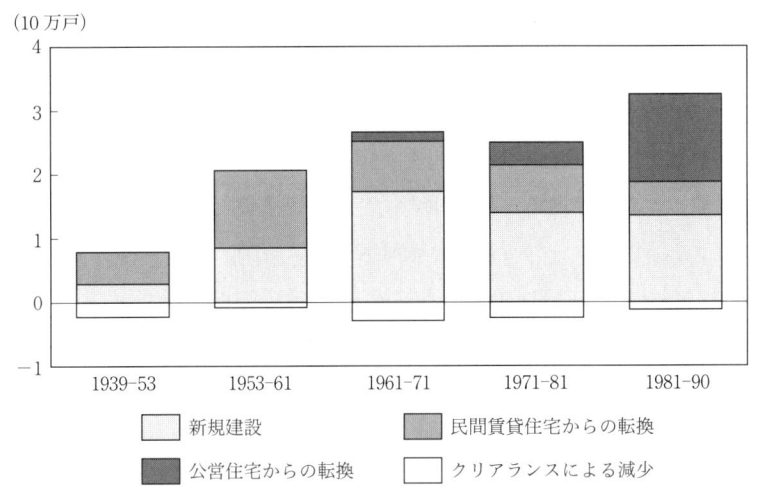

凡例：
- 新規建設
- 民間賃貸住宅からの転換
- 公営住宅からの転換
- クリアランスによる減少

出典：Leather and Mackintosh (1993).

図3-4 持家増加の内訳

表3-5 住宅ローン減税と公営住宅への補助金

年	控除基本率 (％)	受益者数 (1,000人)	税控除コスト (100万ポンド)	公営住宅への補助 (100万ポンド)
1980/81	30	5,860	1,960 (35)	2,130
1981/82	—	—	2,050 (30)	1,523
1982/83	—	—	2,150 (30)	948
1983/84	—	—	2,780 (40)	838
1984/85	—	—	3,580 (50)	887
1985/86	30	8,100	4,750 (60)	916
1986/87	29	8,450	4,670 (60)	868
1987/88	27	8,750	4,850 (60)	826

注1：Wilcox (1997) より作成．
 2：控除基本率，受益者数，税控除コストはUKの統計，公営住宅への補助金の数値はGBの統計から引用．ただし，税控除コストの( )内は北アイルランドの数値であり，税控除コストから( )内の数値を差し引くとGBの統計とほぼ等しくなる．したがって税控除コストと公営住宅への補助金は比較可能である．

のところ，住宅ローンを抱える住宅購入者に対する税控除の総額は，公営住宅に対する地方自治体への補助金総額を上回っていた．それにもかかわらず，サッチャー政権下でも，同様の持家取得促進策がそのまま継続されていく（表3-5）．

持家建設の増加は，住宅金融の規制緩和によって住宅市場に大量の資金が流入したことにも大きく影響されている．住宅ローンの貸付は，1980年代の初めまで住宅組合が独占的なシェアを保っていた．しかし，金融自由化の流れを受けて住宅金融市場でも規制緩和が実施され，一般の商業銀行による住宅金融への参入が進み，住宅組合は一般商業銀行との競争下におかれるようになった．住宅ローンをめぐる融資競争によって，住宅市場は格好の投機対象となり，大量の資金が流入したのである（Gibb et al. 1999，山田 1996）．住宅金融市場が成長したことで，住宅ローンは一般労働者階級にも広く浸透した．こうして持家需要がさらに高まったのである[3]．

また，地方自治体が深刻な財政難を緩和するために，民間建設業者に住宅開発の許可を積極的に与えたことも民間建設業の活動を後押しした（山田 1996）．開発許可から得られるプランニングゲインを期待したのだ．自治体による寛容な開発許可が民間業者による土地取引を増大させ，民間住宅建設を増大させた．こうした土地取引の増大は，結果的に住宅地価格を高騰させ，住宅購入費の高騰を招くこととなったが，資産としての持家の有利性を顕在化させることによって持家化を促進する要因ともなった．

(4) 民間賃貸住宅セクターの沈滞と再興策

さらに，持家が普及した背景として，既述のように民間賃貸住宅がもはや満足できる住宅の選択肢ではなくなっていた状況があったことを指摘しておかねばならない．戦後の住宅政策が公営住宅と持家取得の促進に偏る中，民間賃貸住宅の衰退は著しく進んだ．スラム・クリアランスで撤去されたり，家賃統制によって新規投資が抑制されたりと，量的な減少が続いていた．また，もともと民間賃貸住宅の大半は零細家主によって経営されていたため，住宅の更新や改善が進まず，住宅は質的にも劣悪なものが多かった．つまり，民間賃貸住宅は，需要側にも供給側にも，十分な魅力をもつ存在ではなくなっていたのである．

公営住宅の解体化を進めるサッチャー政権は，公営住宅に代わる選択肢と

して，低迷を続ける民間賃貸住宅市場の復興を図ろうとした．

まずは，1980年住居法の下で30万戸の住宅の家賃統制を解除し，それらに公正家賃を適用した．そして家主の家賃収入をインフレーションの割合にまで維持するため，公正家賃を3年でなく2年おきに再登録するよう制度改正を行った．また，保証賃貸借（Assured Tenancy）と短期賃貸借（Shorthold Tenancy）という2つの新しい賃貸借形態を導入して，家主が借家経営で利益を得やすい環境を整備した．保証賃貸借では，新規に建設された民間賃貸住宅の借家人になる場合，家賃は公正家賃ではなく市場家賃に基づいて決定される．短期賃貸借では，家賃は家主と借家人の話し合いによって決定されるが，契約期間（1～5年）が過ぎた後の契約更新保証がなされない．どちらも民間家主に有利な賃貸借形態になっており，民間家主が借家経営に再び乗り出すことを意図した政策であった．

1982年には，保証賃貸借を増やすために，建設補助が実験的に導入されたりもしたが，新しい賃貸借形態は1980年法以降に新規建設もしくは改築された民間賃貸住宅にのみ適用されたため，結局セクターの再興にはほとんど影響を及ぼさなかった（Marsh & Riseborough 1998, Kemp 1993）．

こうして民間賃貸住宅という選択肢が無きに等しい状況の下で，持家の増大と，そして持家を持てない層や持つことを望まない層が残された公営住宅へ滞留するという「二極化（Polarisation）」が進展していった．

(5) ハウジング・アソシエーションの軽視

このような動きの中で，HAはどのような政策的位置づけをなされ，その活動を展開したのであろうか．

すでに述べたように，1970年代初めに厳しい環境に直面したHAは，その後政府から住宅供給の担い手として評価されることによって，一時的に住宅供給戸数を伸ばした．高齢者を対象とした特別ニーズ対応の住宅供給も引き続き支援され，活動のさらなる成長が期待されるところであった．しかし，1970年代末には財政難による公共支出削減の影響を被り，事業戸数は再び

減少し始め,1979年サッチャー政権の到来とともに,公共支出削減の影響が,HAの活動を大きく後退させた.そして,実質的にも政策的にも周辺的な地位へと転落していったのであった.

住宅政策に関して,サッチャー政権が掲げる「小さな政府」や「財産所有民主主義」を達成するにあたって,施策上の主たる標的は地方自治体と持家取得の予備軍であった.HAは,政策目標を達成する手段としてはほとんど期待されていなかったのである.それにもかかわらず,サッチャー政権が誕生して以後のHAの活動は,サッチャー政権の新自由主義的な政策の影響を強く被り,1980年代を通じて停滞色の濃いものとなった.

まず,目に見えて明らかなのは,住宅に対する公共支出の大幅な削減が,住宅供給戸数の増加を鈍らせたことである(前掲図3-3).HAに対する住宅資本投資は額面を見る限り,1982年から1988年までほとんど増加していない.(表3-6).この間の物価の上昇を考慮すれば,投資額の価値は減少しているに等しい.また後述するが,政府の持家促進策に影響されて,持家建設に対する補助率が高まったことも,賃貸住宅供給戸数を停滞させた.

また,持家取得促進の観点から,購入権が,公営住宅だけでなく補助金を利用して建設されたHA住宅にも適用された.実施に先駆けて,NFHAにHAへの購入権の導入という提案が示されたのだが,NFHAはこれに強く

表3-6 HAへの住宅資本投資 (England)

(100万ポンド)

	コーポレーション	地方自治体	合　計
1980/81	508	170	678
1981/82	521	142	663
1982/83	755	134	889
1983/84	734	138	872
1984/85	697	147	844
1985/86	711	120	831
1986/87	715	145	860
1987/88	752	156	908
1988/89	791	128	919

出典:Wilcox (1997).

表 3-7　売却された HA の住宅戸数　(Great Britain)

年	購入権の行使による払い下げ戸数 (A)	住宅ストック数(B)	(A)/(B)(%)
1980	1,417	—	—
1981	2,476	431,000	0.57
1982	3,936	448,000	0.88
1983	5,059	459,000	1.10
1984	4,409	475,000	0.93
1985	3,985	495,000	0.81
1986	4,949	517,000	0.96
1987	5,462	533,000	1.02
1988	10,221	552,000	1.85
合　計	41,914	—	—

出典：DoE (1987), DETR (1998a), Wilcox (1997).

反対した．この抗議によって，購入権は一時的に一部の HA 住宅への適用に限定されたが，限定は 1982 年には解除され，結局購入権はすべての HA に適用されるようになった[4]．1980-88 年までの間に，購入権によって売却された住宅戸数の合計は 4 万戸程度であり，これは当時 HA が所有していた住宅ストック数の 1~2% とわずかであった（表 3-7）．しかし，購入権の適用は，HA にとって，ただでさえ少ない住宅ストックを減少させることを意味しており，HA の将来計画やビジネスプラン・財政計画の作成に際して，配慮を要する新たな項目となった．

さらに政府は，1) HA が既存住宅を取得・改善して，持家として売却することを認め，2) HA の持家建設に対する補助金の割合を高くした．既存住宅の改善にあたっては，既存住宅の取得および改善費用と，それを市場価格で売却した額との差額の補塡という補助も行われた．

こうした中で，これまで大半の HA は，賃貸住宅供給を主な活動としていたが，これらの諸制度を利用して，低価格で取得できる持家供給に乗り出した．1980-88 年までに，約 10 万戸もの持家住宅を供給している．持家住宅の供給は，1982, 83 年には HA の住宅供給活動・管理活動の 40% にまで達し，平均では 20% を占めるに至った．

注

1) ハウジング・コーポレーションに登録が義務づけられるのはイングランドのHAであり，ウェールズではハウジング・フォー・ウェールズ（Housing for Wales）が，スコットランドではスコッティシュ・ホームズ（Scottish Homes）がイングランドのコーポレーションと同様の機能を担っている．本書ではイングランドのHAを対象としているため，上記2つの地域のHAにはほとんど触れない．イングランドでは，2003年末の時点で，コーポレーションに登録しているHAは2,044組織である．
2) ただし，1980年代半ばには自治体の資本支出について政府のコントロールが及ばない範囲が急速に拡大し，HIPによるコントロールは機能しなくなっていった．これは，払い下げによって自治体が投資力を持つようになったためである（豊永1998）．
3) 購入権政策や持家奨励策は，確かに持家化に大きなインパクトを与えたが，他方では持家需要を顕在化させ得る社会的・経済的な諸条件の発展があったからこそ，そうした結果を実現することができた．サッチャー政権以前にも公営住宅の払い下げが実施されていたにもかかわらず，その実績は微々たるものであったことがこの点を物語っている．サッチャーだからこその変化であるとともに，サッチャーでなくてもそれなりの変化をもたらしたであろう社会的・経済的な基盤の変容があったと見るべきであろう．
4) 非慈善（Non Charitable）組織の住宅にのみ，購入権が適用された．

第4章　公営住宅から社会住宅へ

　サッチャー政権下での HA の政策的扱いは，1988年を境として大きな変化を見せる．それまでを前期，その後を後期と表現するならば，前期は既述のように HA の存在は軽視されたままであった．

　ところが前期で展開された一連の新自由主義的政策が，社会情勢を大きく変化させたことで，後期サッチャー政権は，持家化中心のそれまでの住宅政策を賃貸住宅重視にシフトさせるとともに，住宅供給の担い手として HA を重視するに至る[1]．すなわち，政府は，HA を「社会住宅セクター」という公とも民とも区別されたセクターとして措定し，地方自治体に代わって市場家賃以下の低家賃住宅を供給する主体となることを要請した．

　こうした政策方針の転換を実現するため，1988年住居法を通じて，HA の活動を促進するための諸制度が改変され，HA を取り巻く環境は大きく変化した．これを契機として，HA の活動は，新たな局面を迎える．この意味で，1988年を境とする変化は，HA にとって重要な意味を持つ．したがって，本章では，サッチャー政権後半にどのような政策転換が図られたかを，当時の住宅事情を踏まえながら明らかにし，1980年代末における政策転換の意味を検討する．

第1節　新たな住宅問題

　サッチャー政権下における一連の市場原理重視の政策は，一時的には経済に復調の兆しをもたらした．しかし他方では所得格差を拡大し，持てる者と

持たざる者との社会的・経済的格差をも拡大する結果となった．完全雇用が崩壊して街には失業者があふれ，犯罪の増加やバンダリズムの広がりによって社会的荒廃が進んだ．

住宅に関して言えば，問題は住宅所有形態間の格差として現れた．

購入権政策は，公営住宅の残余化という問題を惹起した．購入権による公営住宅の売却は比較的良質な住宅ストックから進み，公営住宅ストックとして残ったのは，荒廃した地域のストックや老朽化したフラット，人々が好まない高層住宅であった．空家が大量発生し，バンダリズムや犯罪の温床となった．ただでさえ，維持管理費用を捻出するのに窮している自治体は，荒廃していく公営住宅に積極的な改善策を施す余裕がなかった．

公営住宅の残余化は，物理的な問題として顕在化しただけではなかった．公営住宅居住者のうち所得のある労働者階級が購入権を行使し，持家層へと流出したため，公営住宅居住者は住宅を購入することが難しい低所得者や高齢者が集中する傾向を強めたのである．

公営住宅に低所得者や高齢者が集中する傾向は以前にも見られたが，この間，その傾向は一層強くなっていた．公営住宅入居世帯の世帯主に占める勤労者の割合は，1981年に47%であったが1991年には30%にまで減少し，その大半は，年金生活者や失業者で占められるようになった（Wilcox 2002）．市場原理に基づく一連の政策の結果，公営住宅は残余化傾向を強め，持家の居住者層との社会的・経済的格差が拡大したのである．

また，HA住宅でも，家賃上昇の影響を受けて，労働者階級の持家への流出が目立つようになり，その結果，賃金の低い若年層や年金暮らしの高齢者，無職・失業者が集積した．地方自治体の入居待機リストから入居者を選定せねばならないことも，HAに低所得者を集積させる要因となっている．公営住宅と同様に，HA住宅に入居する世帯も，その大半は失業者や年金生活者であり，勤労世帯は46%（1981年）から34%（1991年）と減少している（Wilcox 2002）．極端な入居者の偏りは，HAの経営を不安定にするだけでなく，コミュニティの維持にも障害をきたすため，もともと低所得者層を対

象に住宅供給をしている HA であっても，こうした問題は深刻なのである．

こうして，公営住宅および HA 住宅は，低所得者をはじめとする社会的弱者を収容する福祉住宅としての性格を強めた．つまり持てる者は持家へ，持たざる者は公営住宅・HA へという「二極化」がより拡大された規模で進行したのである．

住宅所有形態間の格差が広がる一方，持家という同一所有形態内においても，「二極化」現象が見られるようになっていた．これまで持家層は，比較的安定した収入のある階層であった．しかし，購入権政策によって，本来家を持つことが困難な層をも持家層に流れ込んだために，持家は，本来の持家層と言わば見せかけの持家層——住宅ローン返済という大きな経済的負担に苦しむ層——とが併存するセクターとなった．

購入権による払い下げは，払い下げ価格の値引きや住宅ローンの利子率の引き下げなど手厚いインセンティブを受けて促進された．持家は一種のステイタスであり，豊かさの象徴であったことから，定職を持った労働者階級はこうしたインセンティブに背中を押され，一斉に持家への梯子に足をかけたのであった．ところが，不安定な労働市場の中で，一部の新規持家参入層は，職を失い，住宅ローンを返済できなくなるという事態が多く生じるようになった．また，住宅ローンの返済が精一杯で，住宅の維持・管理費用を捻出することができず，持家の荒廃が進行する状況も広がった．

持家の二極化は，単に購入権政策が引き起こした問題として捉えられるべきではない．この背景にある住宅金融市場の変化にも目を向けねばならない．これまで住宅組合が独占してきた住宅ローン市場に商業銀行が参入し，住宅ローンをめぐる融資競争が過熱した．これによって不動産市場に多くの資金が流れ込み，住宅市場は活況を呈した．

図 4-1 は 1980 年代の住宅価格指数の推移を示したものである．1980 年代後半，住宅価格が急激に上昇していることが分かる．この時期，住宅購入者の支払能力と高騰する住宅価格とのギャップが拡大する中で，住宅を求める人々のローンへの依存度が高まった．こうした無理な住宅ローンの設定が，

出典：ODPM (2003a).

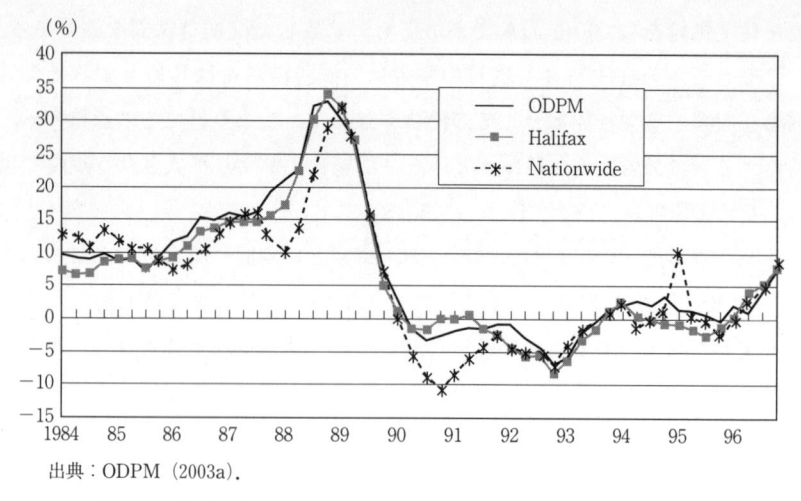

図 4-1　住宅価格のインフレーション率（United Kingdom）

労働市場の不安定さとあいまって，一度は住宅を手に入れたものの住宅ローンの返済に窮して，結局手放さざるを得なくなる事態を招いたのである．図 4-2 からも分かるように，1980 年代末から住宅ローンの未払いやそれに伴う差し押えの数は急増した．

さらに持家層に追い討ちをかけたのは，1990 年代初めに起きた住宅価格の暴落である．1990 年には不動産投資は顕著に減少し始めた．キャピタルゲインを当て込んで大きなローンを組み，高価格の時に住宅を購入した世帯にはそれだけ大きな損失が生じた．

1980 年代，住宅市場に大量の資金が供給され，住宅ローンが一般の労働者階級にまで浸透したことによって，持家を手に入れることができる層が増えたが，そのことが他方で，労働市場の不安定さと住宅市場の変動の中で，アフォーダビリティ問題を抱える新たな持家層を生み出したのである．マルパスとミューリーは，購入権政策によって生み出された持家層は，本来の持家層に完全に統合されず，別の市場を形成していると指摘している（Malpass & Murie 1999）．

(100人) (10件)

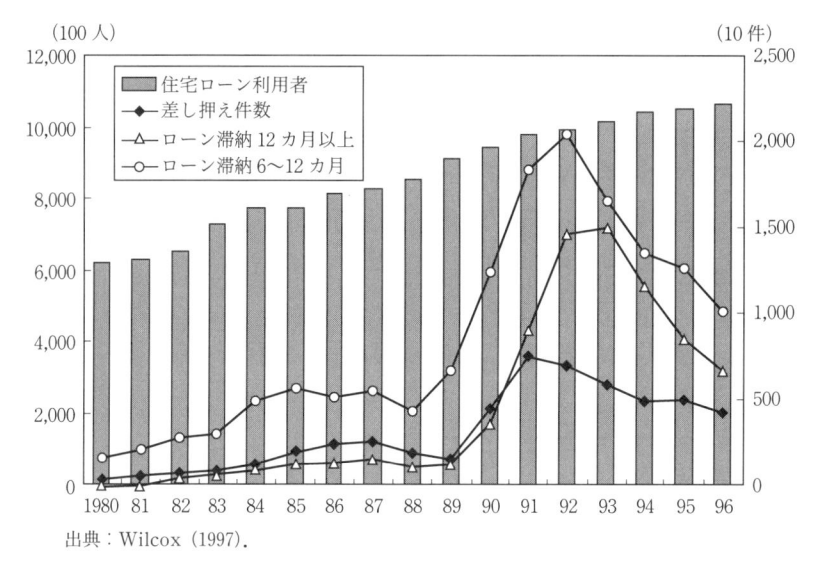

凡例:
- 住宅ローン利用者
- 差し押え件数
- ローン滞納12カ月以上
- ローン滞納6〜12カ月

出典:Wilcox(1997).

図4-2 住宅ローンの未払いと差し押え件数

　低所得者層の持家参入や住宅ローンの破綻によるアフォーダビリティ問題が深刻化する中で,持家への梯子から転落する人々が増えるにつれ,その行き着く先としてのホームレスもまた増大した.購入権政策で公営住宅ストックが激減し,賃貸住宅家賃も上昇傾向にあったため,梯子から転落した人の住宅選択の幅が狭められたことが,ホームレスの増大を加速した.また地方自治体は本来ホームレス世帯への住宅提供の義務があるが,公営住宅の減少や財政難のために十分な対応を行うことが困難な状況に陥っていたことも,問題をより一層深刻にした.

　アフォーダビリティ問題は,持家層だけでなく借家層にも見られた.そのため,公営住宅に代わる住宅保障となった住宅給付制度は,受給世帯の急増で給付金の増加に見舞われ,財政を圧迫するようになっていった.また,住宅給付など個人に対する収入補助が人々を「貧困の罠」に陥れることも問題視されるようになった.小さな政府を目指して住宅に関する公共支出を削減したはずが,現実には社会保障費用の増大,すなわち大きな政府を招くとい

う皮肉な結果になったのである．

ともあれ，この時期に進展した二極化の問題は，単に住宅問題としてだけでなく，1990年代にかけて社会的・地域的な荒廃を牽引する大きな問題となっていく．そして，1980年代末には，こうした新たな住宅問題が，サッチャー政権に政策方針の転換を迫り，ひいてはHAの新たな発展の道を切り開く契機となるのである．

第2節　賃貸住宅政策の再編

(1)　背　　景

　購入権政策によって公営住宅の持家化は進んでいたが，1982年をピークに公営住宅の払い下げ戸数は落ち込んでいった．1982年に18万戸，1983年に12万戸が払い下げられたものの，その後は1988年まで8万戸レベルで推移している（前掲表3-2）．1986年には，約25％の公営住宅居住者が，そのまま公営住宅に居住することを望んでいることや，フラットの売却が進んでいないことが明らかとなり，フラットの払い下げ額に最高44％の割引を適用し，さらなる公営住宅の持家化を促進した．1986年の割引では，大幅な増加は見られなかったため，1988年には，最高で60％の割引を，フラットについては70％の割引を適用して居住者の購買意欲を鼓舞した．その結果，1988年と1989年に一旦売却戸数は増加したが，その後は再び減少を続けた．

　持家が増加する一方で，公営住宅は残余化が進行した．地方自治体の手元に残ったのは，劣悪な公営住宅ストックと割引されても公営住宅を購入することができない低所得者層であった．劣悪なストックを購入しても資産価値がないため，売却は進まない．残留している支払い能力の低い層は，住宅ローンを借りることもできない．たとえ借りることができたとしても，その後の返済に窮することになる．購入権政策開始から5～6年で，公営住宅を居住者個人に払い下げて持家化することに限界が見え始めた．

　持家化の限界が見え始めた頃から，住宅政策の重点は賃貸住宅市場の再興

に向けられるようになる．豊永は，こうした新しい住宅政策のターゲットは，「『所有』によって優位な選択を行うに足りる基盤を得た人々ではなく，所有革命の恩恵に浴し得ず従属的な立場におかれたままの借家人」であると指摘している（豊永 1998）．つまり，政府は，持家層だけではなく借家層への対応をも必要とする状況の認識を表明したのである．住宅問題をはじめとする社会的荒廃への国民の不満が高まりつつあるなかで，政府は，持家化の促進を堅持しながらも，その恩恵を享受できない層にも配慮した施策を講じる必要に迫られたのであった．

賃貸住宅市場の再興政策は，主として2つの内容で展開された．

第1は，賃貸住宅市場の活性化策である．これは，1980年代前半の家賃統制緩和策に続く，民間家主への投資拡大策を主な内容としている．

第2は，公営住宅ストックの再生に関する対策である．これには，HAと中央政府のイニシアティブの下で組織された信託組織の2つが，その中心的な担い手として措定された．これらの担い手は，公営住宅大規模自主移管（Large Scale Voluntary Transfer: LSVT）と住宅事業トラスト（Housing Action Trust: HAT）に従事する．いずれも，公営住宅の持家化に限界が見られる中で，個人への売却ではなく，組織への売却という道が模索された結果，導き出されたものであった．LSVTもHATも，それぞれ法的位置づけや事業体制は異なっている．しかし，どちらも，新たに創設された組織が公営住宅を地方自治体から買い取り，買い取った住宅に修・改善を施して，新たに賃貸住宅として供給するという仕組みを有している．

政府にとって，地方自治体の権限縮小と公営住宅システム解体化というスタンスを大前提として，その有力な手法として追求された持家化が限界に達したという状況を打開しなければならなかった．そうした政策的課題を担わされつつ，HAはこれまでの停滞期から脱して新たな活動展開期を迎えることとなっていく．

(2) 賃貸市場活性化政策とその失敗

まず，賃貸市場の活性化策としては，1988年に事業拡大スキーム（Business Expansion Scheme：BES）が開始され，市場への投資拡大が図られた．

BESは，年間4万ポンドを上限に，賃貸住宅を建設する会社，もしくは既存住宅を買い取り賃貸住宅として供給する会社への個人投資について，これに関わる税を免除する制度である．1988年から1993年までの5年間実施され，約21億ポンドの投資がなされた．また，家主の家賃収入に対する税控除や住宅ストックの修繕およびメンテナンスに対する手当ての増額など，家主に対する直接的な財政支援も合わせて実施された．

賃貸供給戸数は，1980年代末からわずかな増加傾向をみせた．しかし，前述の対策が功を奏したとは言いがたい側面がある．その理由として，以下の諸点を指摘することができる．

第1に，1980年代後半から1990年代前半は，持家市場が低迷した時期であり，その影響で一時的に賃貸市場が上向いたことが挙げられる．この時期，住宅価格は急落した（前掲図4-1）．1990年代初期は，投機的に持家を売却したいと考えている所有者が，市場が回復するまで持家を保持し，その間賃貸住宅として貸し出していたために，賃貸市場が一見活性化したかに見えたのである（Marsh and Riseborough 1998）．

第2に，政策に伴って生じた支出と比較して，民間賃貸住宅の供給戸数の増加はわずかであった点である．事実，1988年から1994年の6年間に4,527件のBESが申請され，7万5,100戸の賃貸住宅が新規に供給されたが，これらの計画に関連した税控除額は10億ポンドを超えた（表4-1）．

第3の理由は，1980年の住居法の下で導入された新しい賃貸借形態（保証賃貸借と短期賃貸借）が家賃上昇を引き起こしたため，住宅給付の支給額が増大したことである（Balchin 1995, Marsh and Riseborough 1998）[2]．住宅給付の支出は，1990年代，国家財政を大きく圧迫した．表4-2が示すように保証賃貸借の家賃は公正家賃よりも高額である．表4-3は住宅給付額を示したものであるが，1987-97年までの10年間で，10億3,000万ポンドか

表4-1 民間賃貸住宅と事業拡大スキーム

	1988/89	1989/90	1990/91	1991/92	1992/93	1993/94	合 計
事 業 数	1962	484	455	465	519	642	4,527
投資額(100万ポンド)							
ロンドンと南東部	263	116	209	289	757	767	2,401
その他のイングランド地方	77	29	57	58	74	121	416
ウェールズ	—	—	1	1	15	21	38
スコットランド	27	15	14	17	20	26	119
北アイルランド	1	3	3	3	3	4	17
投資額合計	368	162	284	368	869	939	2,990
税控除額(100万ポンド)	130	55	105	135	330	360	1,115
創出された賃貸住宅戸数	6,400	3,100	5,700	9,300	21,200	29,400	75,100
賃貸住宅1戸当りの税控除額(ポンド)	20,300	17,750	18,400	14,500	15,550	12,250	16,450

出典：Wilcox（1997）．

表4-2 民間賃貸住宅における賃貸借形態別の週家賃（England）
(ポンド)

年	保 証 家 賃		公 正 家 賃	
	短期保証家賃	保証家賃	登録家賃	登録なしの家賃
1988	—	—	18	33
1990	63	58	24	33
1993/94	82	60	31	32
1994/95	83	62	36	35
1995/96	91	66	40	37
1996/97	94	66	42	36
1997/98	89	78	50	40

注：週家賃の値は中間値．
出典：DETR（1998a）．

ら58億6,000万ポンドへと5倍以上に膨らんでいる．公営住宅居住者に対する住宅給付額の増加がおよそ2倍であることからみても，民間賃貸住宅居住者への家賃補助額の増加は著しい．政府は，小さな政府を目指し，公営住宅の代替を民間賃貸住宅に期待しその促進を図ったが，結局は公共支出の膨張をもたらしたのである．

民間賃貸住宅は，ストックの少なさや新規供給の不足，家賃の高騰といっ

表4-3 住宅給付の予算
(Great Britain)

(100万ポンド)

年	公営住宅居住者への給付	HA住宅及び民間賃貸住宅居住者への給付
1987/88	2,432	1,030
1988/89	2,692	1,071
1989/90	2,905	1,365
1990/91	3,369	1,769
1991/92	4,068	2,426
1992/93	4,617	3,284
1993/94	5,025	4,188
1994/95	5,246	4,874
1995/96	5,465	5,479
1996/97	5,621	5,825
1997/98	5,703	5,860

出典:DETR (1998a).

た問題に加えて、質的な問題も深刻である。民間賃貸住宅への投資に対する魅力が減少する中、既存ストックの修繕に対する投資も抑制され、1993年にはイングランドだけでも76万4,000戸の空家が生じている (Balchin 1995)。居住水準を満たさない住宅が多く、悪評の公営住宅を抜いて、最も質の悪い住宅セクターとなっている。1996年の住宅コンディション調査 (English House Condition Survey) では、居住不適格や貧困住宅の割合が、民間賃貸住宅において群を抜いて高い結果を示した (表4-4)。

民間賃貸住宅市場が狭隘である上、住宅ストックのコンディションが劣悪化しているため、多くの人々にとって民間賃貸住宅は持家に代わる住宅の選択肢になりえていない。第2次大戦後、住宅の選択肢は、事実上持家と公営住宅に限定されてきた。そして公営住宅システムの解体化によって、それはさらに持家に限定された。住宅選択肢が限定されていくプロセスで生じた問

表4-4 居住不適格住宅および貧困住宅の割合（住宅所有形態別）

(%)

住宅所有形態	居住不適格住宅	貧困住宅
持　家	6.0	12
民間賃貸住宅	19.3	31
公営住宅	7.3	17
HA住宅	5.2	8

注：貧困住宅とは、居住不適格住宅、実質的な修繕の必要な住宅、最低限の設備等の近代化が必要な住宅のいずれかに該当する住宅。
出典：DETR (1998a).

題が，一連の民間賃貸住宅活性化策をもたらしたが，結局，民間賃貸住宅を新たな住宅の選択肢に復活させることはできなかった．相変わらず，と言うよりはこれまで以上に，民間賃貸住宅は，住宅購入が困難でかつ公営住宅にアクセスできない社会的に排除された層が集積する最も残余的なセクターにとどまることになった．

民間賃貸住宅市場の衰退が顕著になった時代から，幾度となく活性化策が講じられてきた．しかし，評価に値するほどの成果を収めた策は皆無であり，今回のBESをはじめとする一連の振興策も，結局は十分な成果を収めるには至らなかった．

(3) 新たな公営住宅システムの解体化策

既述のように，公営住宅に代替すべき持家化が限界を見せる中で，住宅政策の力点は，持家取得の促進から賃貸住宅市場の再興にシフトするという変化はあったものの，公営住宅システムの解体化の方針に揺らぎはなかった．これをさらに進めるために，これまでの購入権政策だけでは不十分であり，それとは異なるアプローチが試みられていく．

テナント・チョイス

1988年住居法は，テナント・チョイスという「公営住宅の借家人が家主を選択する権利」を設けた．借家人が自ら自分たちの住む公営住宅を，地方自治体の管理下から解放することが期待されたのである．テナント・チョイスは，借家人個人が買取ることができないなら，公営住宅を，賃貸住宅のまま地方自治体の手から切り離してしまい，民間企業やHAや居住者組織などの非営利団体に家主を引き受けてもらおうとする策であったが，実際に行使された例はわずかであり，その効果はゼロに等しかった．

公営住宅大規模自主移管事業（LSVT）

テナント・チョイスよりも，公営住宅システムを解体する上で大きな成果

をあげたのは，やはり1988年住居法の下で本格化した公営住宅大規模自主移管事業（LSVT）である．いくつかの地方自治体では，1985年住居統合法の32～34項，および43項で認められた所有不動産資産を処分する権利をもとに，すでに公営住宅の敷地および建物の処分を自主的に行っていた．政府は，1988年住居法によって，地方自治体の資産処分の権限を拡大し，本格的な公営住宅の自主処分を後押ししたのである．

自主処分といっても，その大半は，HAへの移管という形態がとられた．LSVTは，借家人個人をターゲットとするのではなく，残存する公営住宅を買取るだけの財力のある組織をターゲットにした，新たな公営住宅システムの解体化策であった．HAへの移管という形態をとった場合，公営住宅は持家化するのではなく賃貸住宅として再生されるため，荒廃した公営住宅の再生策としての側面も，賃貸住宅市場の再生策としての側面をも備えるという特徴を持つことになる．

地方自治体は，公営住宅移管の是非について住民と協議し，住民の賛成が得られれば，公営住宅とその土地を民間企業かHAに移管することができる．1988年から1990年代半ばまでにLSVTを実施した地方自治体の大半が，新しくHAを設立し，そこへ当該地域のすべての公営住宅ストックを移管している．1996年までに53の自治体で延べ58の事業が実施され，23万戸を超す公営住宅がHAへ移管された．

LSVTが，購入権とともに公営住宅システム解体化促進の中軸となって奨励されたため，公営住宅を保持したいが保持するだけの財政力を持たない地方自治体にとって，それは大きなプレッシャーとなった．地方自治体は，中央政府からの補助金の削減や行財政改革による財政締付けのため，既存の公営住宅ストックを維持・管理する財政力を十分に持ちえず，既存ストックは荒廃の一途を辿っていた．既存ストックの改善を，公共部門借入需要額（Public Spending Borrowing Requirement）を増加させることなく実施するためには，民間資金の導入は不可欠であり，そのためには公営住宅を公共の枠組みの外に置く必要——つまり，公営住宅を他のセクターに移管する必要

——があった．1989年地方政府および住居法によって導入された新しい財政政策は，地方自治体の財政難を一層厳しくし，ストック改善の必要性と厳しい財政難とのジレンマに悩む地方自治体を公営住宅移管に向かわせた．

一方，LSVT を地域コミュニティの利益を守るための方法として捉えた地方自治体もあった（Cope 1999）．地方自治体にとって，テナント・チョイスを通じて所有する公営住宅ストックが全く自治体の権限の及ばないセクターへと移管される可能性を考慮すると，LSVT は，購入権やテナント・チョイスよりも，地域の住宅供給に対する一定の関与が可能な手段であった（Mullins et al. 1993）．HA の理事会には，地方自治体の議員を登用することができる．また，LSVT には，地方自治体のスタッフ——特に住宅スタッフ——が，ストックとともに HA へと転職できる仕組みも備わっていた．そのため，地方自治体は，公営住宅の受け皿として新しく設立された HA を通じて，一定の影響力を持つことができたからである．

HA の側から見れば，LSVT は活動領域を拡大するための重要な手段となった．後述するように，LSVT に端を発した公営住宅移管事業は，HA の1990年代における発展の基盤となっていくのである．

住宅事業トラスト（HAT）

公営住宅システムの解体は，LSVT とともに住宅事業トラスト（HAT）によっても進められた．HAT とは，荒廃した公営住宅団地を再生させるために，中央政府から直接任命された運営委員によって運営される準政府組織（Non-Departmental Public Bodies）である．組織の存続期間は約10年と限定されている．HAT は，荒廃した公営住宅団地の再生をその主たる活動目的として掲げていたが，中央政府の意図は，公営住宅システムを一層解体することにあった（Karn 1993）．

HAT 設立は，住民投票によってその賛否が問われる．住民の賛成が得られれば，HAT は地方自治体から当該団地の住宅と土地をすべて買い取り，再生事業に取りかかる．最初に設定された HAT の存続期間が終了すれば，

HAT は解消されてしまうので，再生された団地の住民は，再び公営住宅のテナントとして地方自治体へ帰属するか，もしくは別の家主を選択するかの，2つの選択肢を持つ．HAT は，ノースハル（Hull），ウォレザムフォレスト（London），タワーハムレッツ（London），リバプール（Liverpool），ストーンブリッジ（Brent），キャッスルベール（Birmingham）の6カ所で設立された．HAT は，中央政府から存続期間を通して2～3億ポンドという巨額の補助金を受けて，団地の改善事業を実施した．2004年9月末の時点で，3つの HAT が，その存続期間を満了して解散しており，それ以外も 2004-05 年のうちに事業が終了する予定になっている[3]．

HAT が設立された各地域では，組織解消後に継続して団地や地域の管理や運営を行う担い手として，新たにコミュニティを基盤とする HA が設立された．HAT によって建設および改善された住宅は，ほとんどがこうした新しい HA へと移管されている[4]．HAT が買取った公営住宅は，最終的に HA へと移管されることが期待されていたことから，この点に関しては政府の目論見がある程度達成されたと見てよいだろう．

ただし，HAT は6地域合わせて，約1万9,000戸の公営住宅を買い取ったが，購入権や LSVT と比較して，その解体化策としての効果は大きくない．それどころか，政府にとって，財政的には大きな負担となる事業であった．

解体化策としては，十分な成果を挙げることができなかったが，賃貸住宅再興策および団地再生事業としては，一定の評価を得ている．HAT は，地域コミュニティとの連携によって，ボトムアップの性格を強め，住宅の物理的な改善のみならず，雇用や教育，犯罪防止といった地域の社会・経済的な問題にも取り組んだ．地域によって差はあるものの，こうした内容を見る限り，団地再生事業として一定の成功を収めたと評価できよう[5]．

第3節　ハウジング・アソシエーションの活動環境の改変

　政府も市場も行き詰まりを見せる中で，HA は，公営住宅システムの解体化プロセスと賃貸住宅市場の再興プロセスに包含され，新たな活動発展期を迎えた．これまで述べてきた事情とともにこの発展を誘導したのは，HA をめぐる諸制度の改変であった．

　1987年住宅白書のなかで，HA は，地方自治体に代わる主要な社会住宅の供給体として大きな期待がかけられた．この期待に応えることができるように，政府は，HA を公とも民とも異なる独立した「社会住宅セクター」と位置づけ，公共の枠組みから解放した上で，彼らの活動に関する規制を緩和した．こうした規制緩和は HA の新たな活動環境の整備を伴って，1988年住居法により法制化された．HA は，1974年に手厚い公的補助を受けるようになって以後，政府の後ろ盾を供えた公共セクターとしての扱いを受けてきたが，1988年以降再び民間セクターとみなされ，活動の自立性を求められるようになった．

　こうした制度改変の中でも，混合融資制度の導入と HAG 制度の変更，公正家賃の解除は，HA の活動に大きな影響を与えた．

(1) 混合融資と補助金制度の改変

　1988年住居法によって改変された制度のうち，HA にとって最もインパクトの大きかったのは，混合融資制度（Mixed Funding）の導入である．これによって1974年以降ほぼ100％公的資本で行われていた住宅開発は，公的資本と民間資本の2つが混合して利用されるようになった．

　この制度によれば，HA は住宅組合や，銀行，証券会社，保険会社等から融資を受けることが可能となる．ローンのタイプは大きく短期ローンと長期ローンに分けられ，短期ローンはほとんどの金融機関が取り扱っている．長期ローンにはその利子体系や，返済期間などによっていくつかのタイプが用

意されている．もっともよく利用されるのは，抵当付きの借入金を返済するタイプのもので，返済方法や利子はローンの期間によって決定される．このほかに固定金利型のインデックス連動ローン，利子率が年々増加するステップ利子ローンなどがある．こうした HA に対する民間融資の金利は，HA の信用によって低く設定されている．

　民間融資の導入は，活動の幅を広げる原動力となった．多くの住宅ストックを所有する HA は，民間融資を借りるだけの担保力があり，民間融資を活動拡大のための資金調達手段としておおいに利用した．こうした HA は，民間融資を利用して住宅供給戸数を増加させ，住宅供給・管理以外の活動にも着手するようになった．

　しかし，このことは反面で，HA がこれまでにない高い経営リスクを背負うことを意味した．しかも資金調達に関わるコストとリスクは，多かれ少なかれ家賃へと反映されるため，家賃上昇の一因となっていく．また，十分な担保力を持たない小規模な HA は資金調達ができず，HA セクター内部の格差拡大という問題が生まれた．その結果，HA 同士の吸収・合併や，特に小規模な HA の場合には住宅管理にのみ従事する住宅管理組織への転身が見られるようになった．

　民間資金の導入に加えて，補助金交付制度の改変も実施された．1988 年法により HAG の交付が事業完了前に行われるようになった．これまで HAG の一部は事業完了後に交付されており，HA は住宅開発で生じた超過コストを HAG でカバーすることができた．

　しかし，制度改正後は，超過コストを HA 独自の財源か，もしくは家賃の値上げによって賄わなければならず，こうしたリスクに対応して住宅開発事業計画の綿密さや余剰金の積み立てなど独自のリスク対応が求められるようになった．

　また HAG は，これまで総合基準費用（TIC）という指標によって交付額が決定されていたが，これに代わって費用総額指標（Total Costs Indicators：TCI）という新しい指標が設けられた．TCI も TIC も，住戸 1 戸当たりの

開発コストの上限を定めたものであるが，新しい TCI は，TIC よりも，住宅開発費用の効率化を一層確実にすることを意図している．HA に交付される HAG は，この TCI をもとにして算出された計画案の総コストに，計画のタイプ毎に固定されている補助金レートが掛けられた額となる．

混合融資の導入や HAG をめぐる制度の改変に便乗して，HAG の総事業費に対する交付割合は大幅に削減された．HAG の平均レベルは 1988/89 年に 75%，1992/93 年には 62% に減少し，政府は 1995/96 年には 55% にまで削減することを目標にすると公表している（Spencer et al. 1995）．この他にも，大規模修繕費用に対する補助金制度の廃止や歳入補助に対する交付制限などが実施された．こうした補助金制度の改革によっても，補助金をめぐる HA 間の競争が激化していった[6]．

(2) 家賃制度の改変

さらに，公正家賃制度の廃止によって，1989 年 1 月 15 日以降，新たに建設された住宅と再賃貸される住宅の両方に対して，保証賃貸借（Assured Tenancy）が適用され，HA は一定の基準があるものの，その範囲では家賃を自由に決定できるようになった．

1972 年以降，1988 年住居法が施行されるまでは，公正家賃制度によって HA 住宅の家賃は，家賃事務所（Rent Office）が決定していた．その場合の家賃額は，主として，建築年数や，住居の特徴やロケーション，修繕の状況，その地域での需要と供給のバランスなどが考慮されていた．一度家賃が決定され，それが家主である HA と居住者との間で了承されれば，2 年間は有効であり，HA はこれを勝手に変更することはできなかった．もし，家賃事務所の決定した家賃に双方もしくは一方が同意できない場合は，28 日以内に家賃査定委員会に不服を申し出ることができた．公正家賃制度の下では，HA の家賃は比較的低いレベルに抑えられていた．

1988 年住居法による制度改正によって，HA は家賃決定の自由裁量を得たが，完全に自由になったわけではない．家賃決定の自由裁量には，アフォ

ーダブルな家賃レベルの確保という条件が付加されていた．政府は，家賃レベルを市場価格より低く設定することをHAに求めた．と同時に，供給される新規住宅の家賃が，「就業している居住者が支払える程度の金額」[7]に抑えることができるだけのHAGを交付することを約束し，家賃の急激な上昇を抑制した．しかし，前述のように，HAGの削減に加えて，財政リスクの増加や民間融資の利用による高い金利での資金確保が，HAに家賃上昇を余儀なくさせた．次第に，HAの設定する家賃レベルと居住者の支払能力とのギャップは拡大していき，その結果このギャップは，住宅給付をさらに増大させていった．

ともあれ，HAによる家賃は，住宅タイプ，規模，ロケーション，将来の住宅メンテナンス費用などの住宅そのものに関する要素と，アフォーダブルな家賃レベル，建設コストと3つの要素が総合して考慮されて決定される．ここでの最大の問題は，アフォーダブルなレベルの家賃と住宅の質を左右する建設コストが，バランスよく接するポイントを見つけることである．質のよい住宅サービスの供給とHAの経営を維持するためのビジネス的要素との間で，HAは葛藤することとなった．住宅の質を保ちながらコスト削減を図るため，HAはこれまで以上に資金運用の効率化を求められるようになった．

以上のように，1988年住居法によって混合融資制度の導入と補助金制度の改正が行なわれ，HAは政府への財政的依存度を弱め，活動に対する一定の自由を得た．それと同時に，大きな経営リスクを背負うことになった．しかし，結局のところ，こうした一連の制度改変の狙いは，HAを地方自治体の代替組織に据えるための環境整備にあったといえよう．

第4節　市場化の限界：社会住宅への転換

これまで見てきたとおり，公営住宅システムの解体化策は，購入権による個人への払い下げから，HAへの移管へとその力点を移行させた．LSVT

やHATの導入に対する政府の思惑は，公営住宅売却の一層の促進であるが，これら2つの事業は，購入権のように住宅ストックを個人に払い下げ，持家の拡大を図るのではなく，地方自治体の所有するすべてもしくは一部の住宅ストックをHAへ移管して公営住宅の社会住宅化を図ったものであると言えよう[8]．サッチャー政権は，公営住宅を持家でもなくまた民間賃貸住宅でもない，補助金の投入を必要とする社会住宅へ転換させようとした．本節ではその背景と理由について，改めて総括しておこう．

第1に，購入権を通じた個人への払い下げでは，低質な公営住宅はもはや売却できなくなったことが挙げられる．購入権の導入によって，公営住宅は比較的良好な質を保った住宅から順に売却されていった．良質な住宅が一通り売却された後は，人気のないフラットも大幅な割引を受けて売却されていくが，最終的に地方自治体の手に残ったのは，居住者にとって購入する価値のない低質な住宅や老朽化が著しく進んだ住宅であった．残存する住宅の価値が，個々人が購入するに値しないまでに低下したため，政府は，HAを払い下げの対象として育成しようとしたのである．HAは1988年に民間融資の利用が認められたため，公営住宅ストックを買い取るための資金を市場から調達することが可能となった．制度の改変には，HAを多額の公的資金を投入することなく公営住宅を売却する手段として利用しようという意図がうかがえる．また，自治体側としても，全くコントロールの及ばない民間企業に払い下げるよりも，HAへ払い下げることで，補助金の交付を通じて地域の住宅供給施策に一定の関与を維持できる利点があった．

第2に，サッチャー政権のみならず，第2次大戦後，政府は継続して賃貸住宅を再興するための施策を講じてきたが，既述のように，これまでどれも思うような成果をあげてこなかったことである．サッチャー政権による民間賃貸住宅再興策も，予期したほどの成果をあげることはできず，削減されていく公営住宅の埋め合わせを民間賃貸住宅求めることは不可能であった．持家に手を伸ばすことのできない低所得者層が需要の大半であるという事実を前提に賃貸住宅経営を行うことは，決して魅力的なビジネスではなく，投資

は一向にすすまなかった．こうして民間賃貸住宅が振るわない中，政府はHAへの依存度を高めたのである．

第3の理由は，公営住宅の残余化である．購入権によって，公営住宅の借家人も一定の所得のある層は持家へと流れ，残ったのは住宅ローンを借りることができない低所得者や失業者，高齢者といった人々であった．また公営住宅はホームレスの収容先としても利用されており，公営住宅セクターには十分な支払能力を持たない層が集積していった．

こうした低所得者層の集積する公営住宅を民間市場に委ねて脱公有化することは，借家人の支払能力から判断して不可能であった．市場では最下層の人々の住宅ニーズを満たすことは不可能であり，市場を補完するものとして公営住宅の社会住宅化は必要とされたのである．

第4に，直接補助政策が行き詰まりを呈し始めたことで，政府がこれまで強力に進めてきた住宅供給の市場化に限界があることを認識したことである．

政府は，住宅コストに対する補助の大半を，住宅供給体へ支給する建設費補助金から個々の消費者に対する直接補助（住宅給付）へと移行させ，住宅供給を市場に委ねようとした．しかし，1980年代半ばから住宅給付の支出が急激に増加して，国家財政を逼迫させるようになった．前述のように，賃貸住宅セクターは持家志向の影響を受けて残余化の傾向を強めており，賃貸住宅供給を完全に市場に委ねてしまうことには無理があった．市場の限界が住宅給付の増加による財政問題として現れたのである．また，住宅給付は受給者を「貧困の罠」に陥れることも問題となった．

こうした市場の限界に対して，その対症療法として示されたのが社会住宅セクターによる低家賃住宅の供給であった．政府は，HAを社会住宅セクターとして措定し，一部建設費補助を行うことで低家賃の賃貸住宅を供給させることが，住宅コストに対する補助金交付の効率化を可能にすると判断した．豊永（1998）は，こうした政府の認識について以下のように記している．

「……1988年のリドリー演説は，個人に対する直接補助金の限界を指摘

することにより，個人消費者を基本単位とする市場化のヴィジョンについて初めて不足を認めたのであった．その代わりにリドリーが示したのは，むしろ市場はセグメント化されていても構わず，とにかく1つ1つのセグメントの内部で供給主体の側に多元性が存在し，一定の競争と一定の選択の幅が確保されていればそれで可しとする発想であった．具体的には，その部門内で供給サイドの複数性が確保されるのであれば非市場部門が存在してもよいということになる」(186-187 ページ)．

すでに伝統的な公的所有の合理性が低下している社会において，従来の福祉国家政策に回帰することも非現実的であるが，「財産所有民主主義」論に立脚する市場主義的政策の限界を目の当たりにして，市場主義的立場から見ても新しい政策＝公的関与の枠組みが必要とされたのである．

注
1) 1987年の住宅白書では，これまでと比べて，住宅政策の重点を持家取得推進から賃貸住宅の役割重視へとシフトさせた．さらに翌年に出された1988年住居法では，白書の内容を具現化するための諸制度が整備されていた（Marsh & Riseborough 1997, 豊永1998）．
2) 1980年に導入された保証賃貸借は，新規に建てられた賃貸住宅および1980年法以後に改修された賃貸住宅にのみ適用されていたが，1988年住居法では，1988年以降新しい賃貸借契約は保証賃貸借か短期賃貸借とする方針が出された．
3) ノースハルが1999年3月に，ウォレザムフォレストが2002年4月に，タワーハムレッツが2004年6月に解散している．
4) ノースハルだけが新しい家主に，HAを選択せず，地方自治体のテナントに戻った．
5) HATおよびHATによる団地再生事業の詳細については，拙稿「居住空間の再生とコミュニティ・マネジメント」（堀田2003）を参照していただきたい．
6) 補助金獲得競争が一段と激しくなり，HAは少しでも競争に有利になるように事業見積りの額をTCIよりも低く抑えるようになってきている．そのため，近年TCIは事業コストの基準としてはほとんど機能しなくなっている．
7) 「就業している居住者が支払える程度の金額」については，法的規定や水準があるわけではない．コーポレーションは「アフォーダブルな家賃レベル」を明確に定義してはいないが，「保証賃貸借の家賃レベルは民間セクターにおける家賃

より低く，低所得者の支払い可能な程度であること」というガイドラインを示した．一方，NFHA ではアフォーダブルな家賃レベルを，「就業中の新規入居者の実収入の中間値（メディアン）の20%」と定義している（Cope 1990）．
8) 序章でも説明したように，社会住宅とは，地方自治体の供給する公営住宅（100% 公的資金で供給された住宅）をも含んだ概念として用いられることもあるが，ここでは，HA 住宅など建設コストの一部を公的補助で賄っている住宅を指している．

第5章　ハウジング・アソシエーションの活動の多様化

　前章で見てきたように，1988年を境にHAをめぐる環境は大きく変化し，この変化に伴ってHAの活動も新たな展開を見せた．それは，これまで行ってきた住宅供給・管理活動を拡張する動きであり，それはまた，これまでにはない新しい活動への着手であった．

　こうしたHAの活動の多様化は，一方で1988年住居法によって諸制度が改変され，活動環境が大きく変化したことへの対応であったが，他方で，1980年代後半に顕著となった「二極化」の問題や社会的荒廃の問題の深刻化という社会的状況がHAに求めた結果でもあった．さらに，1990年代積極的に実施された都市再生事業や社会的排除の問題への取り組みの促進が，一層HAの活動の多様化を後押しした．

　本章では，1988年住居法の影響を受けて新たな展開期に入ったHAの活動について明らかにし，HAの活動の多様化の意味を考察する．

第1節　活動の多様性

　本節では，多様化したHAの活動を，これまでの伝統的な住宅供給・管理活動（Housing Activity）における新たな展開と，住宅供給・管理以外の新たな活動（Non-Housing Activity）への着手に分けて，それぞれ詳しく見ていこう．

(1) 住宅供給・管理活動の新たな展開

Housing Activity に見られる主要な新しい活動を表 5-1 に示す．HA の住宅供給活動は，公的補助が本格的に導入されて以降，政府の政策方針に大きく影響されてきた．特に持家の供給については，1980 年代に入って目立つようになり，現在も HA の重要な活動のひとつとなっている．表 5-2 は，コーポレーションが承認した事業の種別内訳であるが，持家事業は一定の戸数を維持している上，住宅購入の補助事業（Do It Yourself Shared Owner-

表 5-1 Housing Activity における新たな活動

① 低所得者への売却用住宅（＝持家）の建設とその改善
② 所有権共有住宅の建設
③ 特別ニーズを持つ人々に対するホステルやグループ・ハウジングの供給と管理
　（例）家庭内暴力を受けている女性のため宿舎，学習障害者への宿舎供給
④ ヘルスサービス等とのパートナーシップによる小規模グループ・ホームの供給
　（看護やケアは保健サービスが担当し，HA は建物とそのメンテナンスを担当）
⑤ 他のセクターや他の HA の所有する住宅に対する管理サービス提供
⑥ 住宅修繕・改善に関するアドバイスやガイダンスの提供
⑦ 公営住宅の受け皿としての活動
⑧ 他の組織が所有・管理する住宅の修繕や設備の近代化工事の請負

注：Mullins & Riseborough（1997）をもとに作成．

表 5-2 コーポレーションが承認した事業の内訳（戸数）

年	賃貸住宅	売却(持家)住宅	DIYSO	TIS	VPG	TSH	合　計
1988/89	19,959	4,436	—	—	—	—	24,395
1989/90	16,198	5,200	—	—	—	—	21,398
1990/91	9,633	1,536	—	1,654	—	988	13,811
1991/92	33,173	4,705	116	3,241	—	1,607	42,842
1992/93	26,057	4,801	2,989	4,803	—	1,381	76,031
1993/94	43,671	5,909	5,701	6,687	—	1,924	63,896
1994/95	40,972	4,488	5,218	6,353	—	4,430	60,461
1995/96	23,781	3,131	4,678	6,817	—	4,534	42,941
1996/97	31,171	6,485	2,469	7,391	54	4,367	51,937
1997/98	17,799	3,130	1,596	3,430	184	1,880	28,019

注：DIYSO は Do It Yourself Shard Ownership Scheme, TIS は Tenant's Incentive Scheme, VPG は Voluntary Purchase Grant Scheme の略であり，これら3つは持家供給スキームである．TSH は Temporary Social Housing[1]．
出典：Housing Corporation（1998a）．

ship：DIYSO や Tenant's Incentive Scheme：TIS）を合わせると持家関連の事業は全事業に対してかなりの割合を占めていることが分かる．

政策の影響によって持家供給を行う一方で，社会的弱者の住宅ニーズに対してもきめ細かな対応を行っている．もともと HA は多様な特別ニーズに対して住宅供給を行ってきたが，サポート付き住宅に対する補助（Supported Housing Management Grant：SHMG）が整備されたことから，より多様な住宅ニーズに対応する

表5-3 クライアント別 SHMG の承認を受けた戸数（1998年3月）

クライアントグループ	戸数
アルコール中毒・依存症患者	2,101
薬物中毒患者	676
高齢者	305
高齢弱者	3,416
ホームレス	20,901
知的障害者	10,312
学習障害者	7,476
元犯罪者	4,297
身体障害者	1,600
避難民	761
傷害をうけた女性	1,277
避難が必要な女性	2,313
エイズ・HIV 感染者	476
リスクを負った若者	5,730
その他	2,607
合計	64,248

出典：Housing Corporation（1998a）．

ことが可能になった（表5-3）．身体障害者や知的障害者向けをはじめ，高齢者や女性，若者，刑務所を出所した人など，特別なケアを必要とする人々を対象とした住宅供給が行われている．SHMG は，住宅管理等に適応される歳入補助であり，直接ケアやサポートのコストには利用できないが，サポート付き住宅の管理費用に充てることができる（Housing Corporation 1998a）．

クラッパムらの調査では，55％の HA が過去5年間に住宅管理対策やその実施内容について見直しを行っており，その見直しによって住宅管理対策がより密度の高いアプローチを採用する方向に変化していることが報告されている（Clapham et al. 1998）．つまり，単に物理的な住宅管理だけを行うのではなく，コミュニティ育成を図る取り組みや，居住者のニーズに対応したサービスの提供に力を入れようとしているのである．たとえば，ある HA では新しい住宅を賃貸に出す際に，5〜6世帯で形成されたグループと契約

をする．グループ賃貸プログラムを実施している．このプログラムの主な利点は，入居者予定者が，入居前に必要な情報収集が可能となることや，管理担当のスタッフやこれから近所に住むことになる世帯と顔合わせができることである．グループ賃貸は，スタッフが入居者と入居前からの密なコミュニケーションを図ることで，入居後の住宅管理をスムースにすることが期待されている．

この他，地方自治体の公営住宅や民間賃貸住宅，また他のHAが所有する住宅ストックを家主に代わって管理する活動も活発である．コーポレーションによると，HAは約8万戸の住宅と2.2万床（ベッド）を他のセクターに代わって管理している（Housing Corporation 1996a）．この数は，年々増加しており，財源確保が難しくなり住宅開発から退いたHAの活動の生き残り策ともなっているようである．

また，1991年に導入された，都市部で空家になっている民間賃貸住宅の再生策であるHousing Associations as Management Agents（HAMA）スキームも，HAに他セクターの住宅管理という活動の場を提供した．コーポレーションもこうした活動に補助金を交付したり，HAにコンサルタントを派遣したりして，活動を奨励している．HAMAスキームに取り組んでいるHAの数は把握できなかったが，1995年の時点でHAMAスキームによる管理住宅戸数は少なくとも6,159戸確認されている[2]．HAMAスキームで再生された住宅は，主としてホームレスの人々への住宅供給に利用されており，インナーシティにおける空家の再利用の有効な手法と評価されている（NFHA 1995）．

多様化というわけではないが，1988年住居法がHAの住宅供給・管理活動に及ぼした影響という点では，既存住宅の修・改善事業の減少を指摘しておかねばならないだろう．1993年までに修改善事業は全体のプログラムの60％から20％以下へと減少した（Cope 1999）．修改善事業は，事業開始後に追加せねばならない工事が発生することが多く，見積もった予算を超過する危険性が高い．新しい補助金制度の下，HAGで超過コストをカバーでき

なくなった HA が修改善事業を敬遠し始めたのである．HAMA のようなインセンティブがない限り，HA は積極的に修改善事業に着手しなくなった．また，財政改革に伴って地方自治体から融資が削減されたことも，HA の修改善事業への投資を減らすことになった．

(2) 新たな活動への着手

次に，Non-Housing Activity を見てみよう．HA が取り組んでいる Non-Housing Activity も実に多様である．ライズバラ（1998）はその活動を，表 5-4 に示すように，地域経済対策，コミュニティ・ビルディング，犯罪撲滅と環境活動，ケアとサポート，教育と子供のレクレーション，保健と疾病予防，新しい役割/関係の模索と確立の大きく 7 つに分類している．

またクラッパムら（1998）は 327 の HA に対して，Non-Housing Activity への取り組み状況を調査している．この調査の結果からも，HA は雇用対策や就業トレーニング，コミュニティ施設の設置，ケアの供給など幅広い分野にわたる取り組みを行っていることが分かる．Non-Housing Activity のうち，最もよく取り組まれているのは，コミュニティや居住者グループへの支援，家計に関するアドバイスの提供，セキュリティの向上であった．また，これまでの HA の活動領域から大きく逸れた分野である雇用対策には，比較的規模の大きな HA が多く取り組んでいるという結果が見られた（表 5-5）．

こうした Non-Housing Activity にかかる費用は，75% の HA が個別に確保された予算を持っており，HA の取り組みへの積極的な姿勢が見られる（表 5-6）．また，予算の一部は，国の都市再生事業補助の一部や，宝くじ（ロットリー）基金，EU ファンド，地方自治体からの補助金などによっても賄われている．しかし，これらの補助金は，HA の Non-Housing Activity を直接に奨励するものではない．HA は，地方自治体や地域コミュニティと一緒になって，地域の問題解決に利用可能な補助金を獲得し，その一部を Non-Housing Activity の予算として確保しているのである．

第 5 章　ハウジング・アソシエーションの活動の多様化

表5-4 Non-Housing Activity の多様な活動類型

地域経済対策	●経済的繁栄効果——地域の人々に職業訓練や就職の機関を提供することで地域経済を活発化する ●地域に追加融資をもたらすため，または SRB や EU ファンド，宝くじ基金のような補助金を獲得するために，住宅投資や住宅改善を利用する ●良好なコミュニティの再建もしくは維持のため，住宅を経済活動の媒体とすること——地域住宅建設への地域住民の雇用 ● 25 歳以下の若者を対象とした職業訓練・就業アドバイス，宿舎の提供（Foyer） ●地域の住民をケアや支援活動，建築作業等に雇用するため，もしくはそれらに従事するための職業訓練を供給する子会社を設立する ●クレジット・ユニオンの設立やコミュニティ・ビジネスを起こそうとする住民を支援する ●地域の商店やその他の商業活動を奨励する
コミュニティ・ビルディング	●住宅や地域のデザインに関する決定プロセスに住民を巻き込む ● HA の対策やアイディアに対する居住者の反応をフィードバックするためのニュースレターや告知板の設置 ●地域内の問題箇所を認識するためのプランニング・フォー・リアルや地域散策を企画する ●財源や地域の独自性を明確にするためのコミュニティ・ディベロップメント・トラストの設立 ●芸術活動や清掃作業を行ったり，地域の新しい名前を考えたりすることで地域のプライドを回復させる ●コミュニティ施設の創設 ●若者や子供のためのスポーツ活動を奨励する ●ブラック・エスニック・マイノリティの居住者が地域の活動に参加できるよう支援する
犯罪撲滅と環境活動	●犯罪を誘発しない地域デザインとコミュニティの安全計画の確立 ●グランド・ワークのような組織を招いて荒廃した地域を再生するためのパートナーシップを構築する
ケアとサポート	●高齢者等へのケア・サポートの供給組織の設立
教育と子供のレクレーション	●地域の学校や，職業訓練および起業対策協議会（TEC）とのパートナーシップ構築 ●託児所，ナーサリー，学童保育のサポート供給
保健と疾病予防	●ヘルス・トラスト等と協力し，地域住民の健康改善・問題解決を行う ●病気予防対策
新しい役割/関係の模索と確立	●地域居住者と協働し，HA の担うことができる役割の確認 ●コミュニティ構成員との関係の改善・向上 ●複合的問題解決のため，他のエージェンシーとパートナーシップを形成

出典：Riseborough (1998).

表 5-5 Non-Housing Activity への取り組み

	大規模 HA	小規模 HA
雇用対策・トレーニング		
地域労働対策	29	3
居住者のための技術訓練	34	5
フォイヤー	18	0
コミュニティ・ビジネスの支援	14	5
管理作業スペースの提供	5	3
住宅管理・ケア		
新しい居住者に対するインテンシブな住宅管理プログラム	29	11
HA 職員が行うコミュニティ育成事業に関する仕事内容の変更	35	8
コミュニティ育成事業担当職員の採用	35	22
高齢者へのケア供給	58	16
弱者グループへのケアの供給	58	22
遊戯施設や若者向け施設の整備		
5歳以下の子供を対象としたプレイグループや保育園の整備	18	8
5歳以上の子供を対象としたプレイグループや保育園の整備	15	0
子供クラブや子供会活動の支援	18	5
遊び場や遊具施設の整備	47	19
社会的・相互支援		
コミュニティ・ホールやコミュニティ・ハウスの整備	46	16
社会活動支援	41	16
交友促進対策	5	0
居住者のための相互支援対策	9	0
コンサルテーション/住民参加		
コミュニティ・ニュースレターの発行	54	49
コミュニティ・グループ，居住者グループの活動支援	73	43
家計相談/貧困対策		
家計相談	67	57
クレジット・ユニオンの設立	7	0
保険	22	5
食料コーポラティブ	1	0
古着販売	1	5
中古おもちゃの交換	1	5
地域内換金	0	0
省エネルギー対策		
省エネルギー対策のアドバイス	45	49
省エネルギー住宅の建設	61	62
水節約のアドバイス	13	14
家具の提供		
家具つき住宅の賃貸	51	19
家具の販売	16	14
交通		
ミニバス・サービス	11	0
保健サービス		
ヘルスセンターの整備やヘルスワーカーの配置	7	3
セキュリティ		
セキュリティの向上	64	27

注：大規模 HA 97，小規模 HA 37 の回答．
出典：Clapham et al. (1998)．

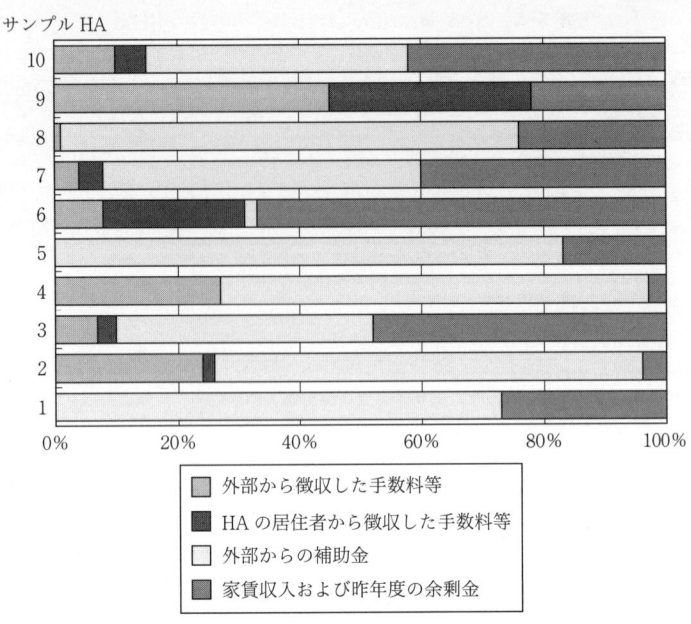

サンプル HA

凡例:
- 外部から徴収した手数料等
- HA の居住者から徴収した手数料等
- 外部からの補助金
- 家賃収入および昨年度の余剰金

出典：Smith & Paterson (1999).

図 5-1 HA の Non-Housing Activity のための財源

表 5-6 Non-Housing Activity 予算の確保

	HA 数	(%)
予算を確保している	73	75
していない	18	19
無回答	6	6
合　計	97	100

出典：Clapham et al. (1998).

スミスとパターソンの報告書によると，図5-1に示すように，Non-Housing Activity の費用の大半を独自の予算で賄っている HA もあれば，80％以上を補助金に依存しているところもあるなど Non-Housing Activity の財源は多様である（Smith & Paterson 1999)[3]．小規模の HA ほど，外部からの補助金を獲得することは困難であり，Non-Housing Activity を行っていくためには，コミュニティ育成事業を手がける他の団体や，地方自治体との関係を構築することが重要になっている．

第2節　活動の多様化の背景

　以上のような活動の多様化は，直接には HA が財政難を克服しようとする手法であったが，同時に社会的に新しい住環境整備へのアプローチを必要とする時代の要請でもあった．

　図 5-2 は 1981 年と 1989 年における HA 住宅の入居者の経済活動状況を比較したものである．HA セクターでは，フルタイムの仕事をもっている居住者の割合が大きく減少し，代わって失業者や経済的無活動者の割合が増加している．HA 住宅入居者には高齢者や社会的・経済的に問題を抱える片親世帯や単身者が多く，残余化の進行がうかがえる（図 5-3）．

　クラップハムらは，調査の結果，こうした居住者の社会・経済的な問題がHA の住宅管理を困難にしているという状況を明らかにした（Clapham et al. 1998）．HA は，単に住宅そのもののメンテナンスだけでなく，近隣への

出典：Clapham et al. (1998).

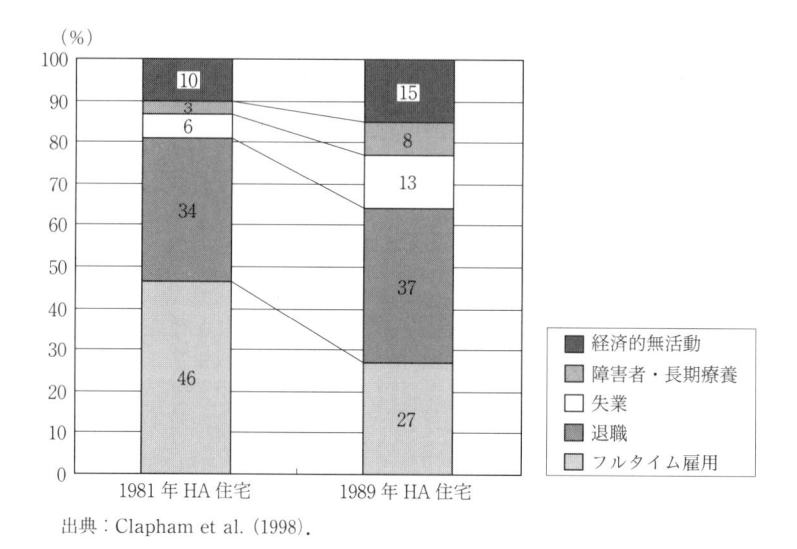

図 5-2　HA 住宅居住者の経済活動状況

出典：Cope (1999).

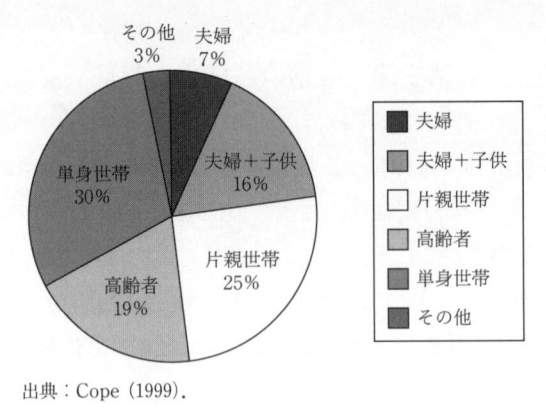

図5-3　HA住宅の居住者属性

（凡例：夫婦7%、夫婦+子供16%、片親世帯25%、高齢者19%、単身世帯30%、その他3%）

迷惑行為や反社会的行為，バンダリズムの増加，住宅やコモンエリアに対する管理放棄，犯罪率の上昇，入居者に対する介護や支援，入居者の経済的問題等への対応が以前にも増して必要となっている．

　本来，これらの問題に対処すべき地方自治体が十分な資金的・人的能力を失いつつあるため，HAはこれをカバーするべく，その基本的な活動である住宅供給・管理だけでなく，付加的なサービスの供給にも着手する必要に迫られたのである．もっとも，このような活動を伝統的に行ってきたHAも存在するため，とりたてて新しい展開ではないとの説もある（Riseborough 1998）．しかし，これまで見てきたように，1990年代HAの活動の多様化が顕著になったことは事実である．

　HAの活動が多様化した背景には，前章で述べた公営住宅の解体化策が影響していることも指摘しておかねばならない．公営住宅システムの解体化プロセスへの巻き込みによって，HAは地方自治体の手を離れた公営住宅ストックを改善し，それらを社会住宅として存続させ，地域における低家賃住宅を維持・管理していく役割を担うようになった．公営住宅大規模自主移管事業や住宅事業トラスト制度が開始されたことによって，HAの活動の場が広がったのである．

移管事業では，移管に伴って新しいHAが設立され，移管後にストックの改善事業が実施された．1990年代半ばまでの事業では，当該地域のほぼすべての公営住宅がHAに移管されるケースが多く，自治体に代わって地域の社会住宅の供給・管理を一手に引き受けるというHAが多く出現した．住宅事業トラストでも住宅改善事業をHAに委託したり，改善後の住宅の維持・管理を担う組織として新たにHAを設立したりしている．また，1993年には公営住宅管理の競争入札（Compulsory Competitive Tendering：CCT）制度が開始され，管理委託を受けるHAもでてきた．公営住宅システムの解体によって，HAはこれまで自治体が抱えていた地域の住宅供給・管理の役割を代替するようになり，地方自治体の活動領域を侵食しながら，HAの活動領域を拡大しているのである．

他方，公営住宅の移管事業は，HAセクターの残余化を深刻にした要因のひとつでもあった．移管事業を通じて，残余化した公営住宅団地の居住者が一気にHA住宅へと流入してきたからである．もともと公営住宅に居住していた人々は，生活の社会的・経済的基盤の不安定さのために住宅をはじめとする必要なサービスを受けられない状況にあった．HAは，良好な住宅供給・管理サービスを行うためにも，こうした居住者の問題に総合的に対処する必要が生じたのである．

第3節　都市再生事業の影響

HAの活動の多様化にとって，1990年代のパートナーシップを基調とした都市再生事業の影響も大きい．住宅事業トラストや1993年に開始された包括的都市再生予算（Single Regeneration Budget：SRB）には，住宅整備だけでなく，雇用創出や地域中小企業の支援，少数民族問題の解決，教育など幅広い分野からの再生へのアプローチが含まれている．今日，多くのHAが，地域コミュニティや非営利団体，地方自治体とパートナーシップを組み，事業の遂行に携わっている．

ここで，HAの活動と関連の深い一連の都市再生対策を概観しておこう．

前章で見たように，サッチャー政権の住宅政策は，持家化という目標そのものでは一定の成果をあげたが，同時に社会に大きなひずみをもたらした．それは賃貸住宅セクターの残余化や，犯罪やバンダリズムの増加，失業率の上昇，ホームレス問題に象徴される．

1990年代に入ると，こうした80年代に生じた社会的なひずみに対応すべく，住宅政策と都市政策との連携を図り，地域を社会・経済的側面から立て直すための包括的な都市再生が目指されるようになった．80年代にも，都市開発公社（Urban Development Corporations: UDC）やシティ・アクション・チーム（City Action Teams），エンタープライズ・ゾーン（Enterprise Zones），タスク・フォース（Task Force）などを通じて都市再生対策事業は実施されていたが，それらは基本的に中央政府のイニシアティブで進められるものであった．

サッチャーの後に政権の座についたジョン・メージャーは，住宅政策については基本的にサッチャーの路線を踏襲しつつも，都市再生策は多くの点で異なる内容を持つものであった．

1991年，メージャー政権下で新たな都市再生対策のさきがけとしてシティ・チャレンジが創設された．シティ・チャレンジは都市のインナーエリアの再生事業予算で，地方自治体による競争入札によって配分が決定される．入札といっても事業費のレベルだけが落札基準となるのではない．シティ・チャレンジでは，地方自治体を中心に，民間企業やHA，非営利団体などがパートナーシップを組んで策定した地域再生計画案のうち，内容や費用対効果が優れたものに対して補助金が交付された．

シティ・チャレンジでは第1回と第2回の入札で31の事業が承認され，それぞれの事業主体は，5年間で3,750万ポンドの補助金を受けた．また，全事業を通しておよそ43億ポンドの民間事業投資が行われ，最終的に11万戸の住宅建設および住宅改善，8,700件の起業，17万件の雇用創出が達成された．

表5-7　SRBにおいて入札に成功した事業数と予算総額

SRB CFの入札	入札に成功した事業数	承認されたSRB事業の予算総額 （100万ポンド）
1994/95　ラウンド1	200	1086.1
1995/96　ラウンド2	172	1202.5
1996/97　ラウンド3	182	896.1
1997/98　ラウンド4	121	318.8

出典：DoE（1996），DETR（1997），DETR（1998b）から作成．

　1993年には，SRBが創設され，5省庁の20の既存プログラムの予算を統合した予算措置が開始された．SRBは，メージャー政権下の代表的な都市政策であり，都市住民が抱える複合的な社会・経済問題を総合的に解決するためのアプローチを基調としたものである．地域の荒廃は，物理的環境においてのみ進行するのではなく，都市住民の生活基盤を支える経済活動の停滞が大きく影響していると捉えられ，物理的，社会・経済的な問題に対処するための包括的な都市再生政策が不可欠とされた．

　SRBの実施に際しては，SRB入札を管理する政府の出先機関が全国10カ所に設置され，既存の5つの地域事務所（Regional Office）がこれに統合された．メージャー政権下では4回の入札（ラウンド）が実施され，合計で675の事業が予算を獲得した（表5-7）．これら全事業の実施期間において，およそ160億ポンドを超す投資が期待されており，このなかには76億ポンドの民間投資も含まれている（DETR 1999a）．これまでに，商業の振興や教育，地域の安全確保などがSRBの主たる成果として報告されている（表5-8）．

　シティ・チャレンジやSRBの導入によって，都市住民が抱える様々な問題に対して，地域をベースとした包括的な対策が進められるようになった．そしてまた，再生事業の包括性をより高め，地域に根ざした活動となるために，地域における公，民，非営利セクターのパートナーシップの形成も重要視された．

　2つの再生対策に共通しているのは，1)物理的な都市空間の更新だけでな

表5-8　SRB事業による成果

	ラウンド1 1995-96	ラウンド1・2 1996-97	ラウンド1・2・3 1997-98	ラウンド1・2・3・4 1998-99
雇用創出数（雇用確保分も含む）	39,320	78,380	107,530	672,000
事業の恩恵を受けた児童数	531,900	687,860	968,760	5,921,000
資格を得るための訓練を受けた人数	23,850	55,420	98,360	652,000
雇用対策対象地区の居住者数	21,270	33,910	40,960	400,000
新しい事業の創出数	10,460	16,360	19,480	83,800
新規建設もしくは改善された事業所や商業の床面積(m^2)	323,110	821,450	1,323,590	10,105,000
新規建設もしくは改善された住宅戸数	6,960	20,530	36,090	259,000
地域安全対策から恩恵を受けた人数	1,062,120	1,561,440	2,420,950	6,389,000
改善された警備システムがついている住宅及びその他の建物数	16,780	40,140	61,250	330,000
オープン・スペース創出のため改善もしくは埋め立てられた土地面積（ha）	320	650	770	10,750
開発のために改善，埋め立て，有用された土地面積（ha）	180	270	450	4,580
改善もしくは有用された建物数	420	1,660	3,910	15,830
支援を受けた慈善組織及びコミュニティ・グループ数	5,410	13,010	20,500	53,000
民間セクターからの投資額(100万ポンド)	263	577	911	7,600

出典：DETR（1999a）．

く，社会・経済的問題への対策を含んでいる点，2)地域の自由な発想によって起案される点，3)競争入札による予算獲得や荒廃地域への集中的な投資を通じて，都市再生事業に対する投資の効率性の向上を図るという観点である．

　SRBでは，事業計画の採択基準に地域減退指標（Index of Local Deprivation : ILD）が用いられた．地域減退指標は，地方自治体の管轄地域ごとに，経済，所得，健康，教育，環境，犯罪，住宅の7つのカテゴリーに分類した

12の指標を用いて地域の荒廃度を示したものである．第1～3回までの入札では，ILDの上位20位の地域に，SRB予算総額の約30％，地域の人口1人当たりでは174ポンド，上位56位の地域では，総額の63％，1人当たり138ポンド，上位99位の地域では総額81％，1人当たり122ポンドが配分された．SRBは，ILDで荒廃していると評価された地域に，より多くの予算が配分されている．HAの大半は，ロンドンをはじめとする大都市圏で活動しており，こうした都市部への投資の増加は，多かれ少なかれHAの活動を活発化させる働きをした．

しかし，一方で，既存の住宅事業が都市政策に包含されたことによって，住宅政策や住宅事業に対する関心や優先順位が低下する傾向にある．事実，SRBラウンド1において，住宅に当てられた予算は，最初の3年間の予算総額の14％であった．住宅関連事業の優先順位はラウンド1よりラウンド2のほうが低くなっている（表5-9）．都市再生事業は主として地域経済の活性化に重点が置かれていることから，入札で予算を獲得するためにSRB事業の方針に沿った事業計画を作成する傾向も強まっている．また，SRB導入以前と比べて住宅事業に投入される公的補助金も減少した（Nevin et al. 1997）．

活動資金のおよそ半分を公的補助金に依存しているHAにとって，政策が地域経済対策に重点を置き，住宅事業を減少させている以上，HAの活動

表5-9 SRBの事業計画における重要政策

ランク	政策見出し	Round 1(%)	Round 2(%)
1	雇用/教育	84(39)	93(39.1)
2	経済開発	70(33)	76(31.9)
3	住　宅	26(12)	24(10.1)
4	生活の質	22(19)	17(7.1)
5	犯　罪	11(5)	12(5)
6	環境とインフラストラクチャー	11(5)	12(5)
7	エスニック・マイノリティ	11(5)	4(1.7)
	合　　計	218(100)	238(100)

出典：CURS（1995）とCURS（1996）から作成．

がその影響をこうむることは避けられず，その意味では，都市政策の住宅対策軽視の傾向も，HA の活動の多様化を促進させた一要因であると言えるだろう．

第4節　ハウジング・プラス

　荒廃が進む社会状況や 1988 年住居法に牽引され，そして地域再生対策に後押しされ，HA は多様な活動を展開した．HA の活動を奨励・監督する義務のあるコーポレーションも，ハウジング・プラスと称して，以下に見るように HA の活動の多様化を直接的に促進している．

　ハウジング・プラスは，1995 年，コーポレーションによって，'生活の質 (Quality of Life)' の向上を目標に推奨された基本方針である．具体的には，快適な住環境を創出するために，HA が，住民や他の組織と共同して住宅供給を含む包括的な活動に取り組むことを支援するものである．コーポレーションは，ハウジング・プラスについて，「①持続可能な社会を創出し，それを維持すること，②住宅管理と住宅投資から付加的な価値を獲得すること，③コミュニティの構成員とのパートナーシップを構築することという3つを目的とした住宅管理・開発のアプローチ」と述べている（Housing Corporation 1998b）．

　またエバンスはこうしたアプローチの必要性が高まった理由として，1)賃貸が困難な HA 住宅が増加していること，2)HA 住宅団地における居住実態が急速に悪化していること，3)HA の役割が変化していること，4)HA 住宅入居者の社会・経済的状況が低下していることを挙げている（Evans 1998）．

　関連して，1996 年に少数民族を対象に活動を行っていた HA に対する補助枠が見直され，新たに「Innovation and Good Practice Grant : IGP 補助」が創設された．これは，コーポレーションが任意決定できる補助金であり，HA と自力建設組合（Self-Build Society）が活動を向上させることを目

表5-10 IGP補助金 (1997/98)

テーマ	補助金額(ポンド)	申請したHA数
住宅管理	2,479,767	189
ハウジング・プラス	2,049,678	914
地域対策	1,820,310	127
組織改革	1,620,185	83
住民参加とアカウンタビリティ問題への対処	837,527	116
ブラック・マイノリティ・エスニックの住宅ニーズへの対応	525,785	63
民間賃貸セクター対策	482,438	34
公営住宅移管事業関連	104,331	9
合 計	9,920,021	815

出典：Housing Corporation (1998a).

指して実施するプロジェクトの運営コストに対して交付される[4]．

　ハウジング・プラスはこのIGPの1項目に位置づけられ，その活動に補助金が交付されるようになった（Housing Corporation 1998b）．図5-4において，トーンのかかっている部分がHAの基本的な住宅供給・管理活動に含まれる範疇である．そして，その外側の楕円内に示される活動がHAのハウジング・プラスに含まれる活動の範疇であり，コーポレーションが公的資金の利用を認めている活動である．コーポレーションに認められていない活動でも，資金の調達が可能であれば実施することができる．1997/98年には，815のプロジェクトに対してIGP補助は990万ポンド支給され，そのうちハウジング・プラス・プログラムには200万ポンドが割り当てられた（表5-10）．

　ところで，コーポレーションはハウジング・プラスを通じてHAによるNon-Housing Activityを奨励している一方で，その活動の無秩序な拡大を規制する姿勢を示し，承認される活動とそうでない活動との境界線をめぐってHAの意向との相違が生じた．

　コーポレーションは，HAの活動目的は低賃貸住宅の供給・管理であり，Non-Housing Activityはそれを補助するものであるとし，低賃貸住宅から

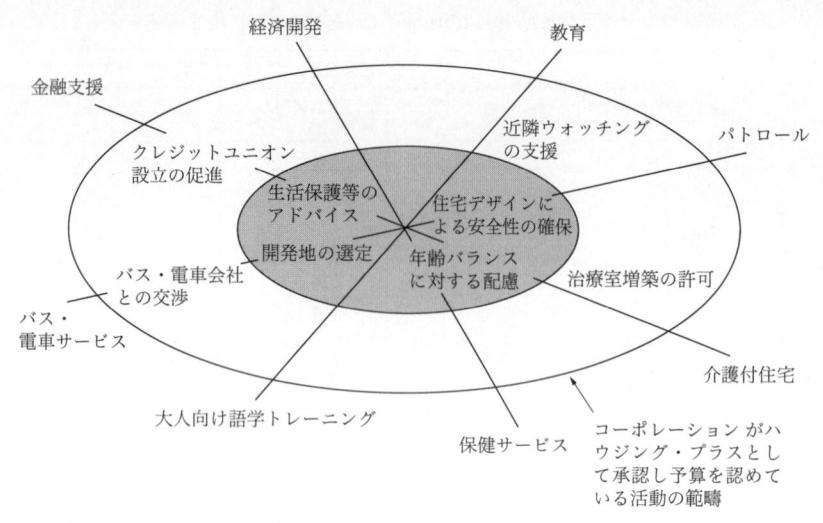

図中ラベル:
- 金融支援
- 経済開発
- 教育
- 近隣ウォッチングの支援
- パトロール
- クレジットユニオン設立の促進
- 生活保護等のアドバイス
- 住宅デザインによる安全性の確保
- 開発地の選定
- 年齢バランスに対する配慮
- 治療室増築の許可
- バス・電車会社との交渉
- バス・電車サービス
- 大人向け語学トレーニング
- 保健サービス
- 介護付住宅
- コーポレーションがハウジング・プラスとして承認し予算を認めている活動の範疇

出典：Housing Corporation (1997).

図 5-4 ハウジング・プラスのアプローチ

の家賃収入が Non-Housing Activity に利用されることに対して懸念を示した．ここで問題となったのが，住宅の供給・管理の範疇であった．1999年に発行された「多様化に対する規制（Regulating Diversity）」では，社会住宅を「市場において住宅ニーズを満たすことが困難な状況にある人々に対して，賃貸住宅およびそれに関連したアメニティやサービス」と定義した上で，住宅の供給・管理と Non-Housing Activity とのバランスを強調し，HA に対して供給される，その中心的活動を定義に基づいた住宅の供給・管理とすることを要求した（Housing Corporation 1999a）．ここでの中心的活動とは，HA の資本もしくは総収益の 51％ 以上を占める活動を指している．

　コーポレーションは，この定義の解釈には幅があることを示した上で，以下の活動を HA による住宅供給活動の枠組みから逸脱するものとした（Housing Corporation 1999b）．

1) 市場家賃住宅の供給

2) 老人養護施設 (Nursing Home) の供給
3) 社宅や看護婦などの中核労働者 (Key Worker) 用の賃貸住宅, 学生用賃貸住宅の供給

　しかし, コーポレーションの定義から外れた住宅を以前から伝統的に供給しているHAがあったり, 老人養護施設と居住者ケア住宅 (Residential Care Home) の区別が明確でなかったりと多くの問題点が指摘された.
　こうしたコーポレーションによる活動の規制は, HAに対し直ちに活動の停止を求めるものではないが, 一部のHAにとってはこうした規制が活動を展開していく上での不安材料であった (Smith & Paterson 1999).
　さらに, コーポレーションはHAによるNon-Housing Activityの拡大が, HAの財政的・技術的リスクを拡大する要因となることを懸念し, HAの理事に対して, 実施する活動のタイプや規模について慎重に協議し独自の制限を設けること, そしてその制限に基づいた独自のリスク査定を実施することを求めた. HAのNon-Housing Activityが資本もしくは総収益の5％以上を占める場合, HAはコーポレーションにそのビジネス・プランと活動を行うだけの能力があることを示さなくてはならなかった.
　こうした規制に対して, HAからの反発意見が多く, またスミスとパターソン (1999) らが規制の緩和を提案したことから, コーポレーションでは規制の見直しを行い, 2002年4月には「規制コードとガイダンス (Regulatory Code and Guidance)」という新たな指針を示した (Housing Corporation 2002). これは, 先に示した「多様化に関する規制」のように, 規制される活動の詳細に関して記したものではなく, 存続能力 (Viable), ガバナンス (Properly Governed), 活動管理 (Properly Managed) についてHAに求められる事項が指針として示されており, HAの活動の自由度を一定程度認めたものとなっている.
　活動の多様化は, HAにとって住宅供給活動を継続していくうえで必要不可欠であったのだが, コーポレーションにとっては, 活動促進と規制に関す

るコーポレーションの役割の再検討を迫られる事態でもあった．

第5節　多様化の意味

　これまで見てきたように，HA の活動は居住者や地域の様々なニーズに対応するため多様化している．住宅供給活動については，家族構成や労働形態の変化によって多様化した住宅ニーズに対応するため，単なる住宅の供給にとどまらず，居住者への付加的な支援サービスの供給も始めた．また，低家賃住宅の供給を安定的に維持するため，市場家賃住宅の供給など利益を追求する活動にも着手し始めている．

　一方，Non-Housing Activity では，居住者の生活基盤の確立が目的とされており，居住者個人に対するサポートから，コミュニティ育成やコミュニティ施設の整備支援など，地域全体の住環境を向上させるための幅広い支援策が実施されている．

　こうした一連の活動は，HA がもはや住宅というシェルターを供給するだけでは，住宅問題を解決することは不可能であることを示唆している．社会・経済的な衰退が進んだことで，社会的排除の問題が深刻となり，本来こうした問題に対応する責任のある地方自治体も，単独でこれらの問題解決に当たるキャパシティを持ち得ず，HA は活動を多様化する必要に迫られたのである．

　さらには，1988年住居法によって HA の財政的な仕組みが大きく変化したことや，HA 活動に対する自由裁量を得たこと，また公営住宅システムの解体化策や，1990年代に展開された一連の都市再生対策が，HA の活動の多様化を索引した．多様化した活動に対して，コーポレーションからも一定の理解を得たことによって，HA の活動の多様化は今後も一層発展するであろうことが推測できる．

　HA の活動の多様化は，1)社会住宅は今後も変化するであろう住宅ニーズに，柔軟に対応していく必要があり，そして 2)その供給・管理には入居者

の生活基盤を安定させるためのサポートが不可欠であることを示している．住宅供給・管理という本来の役割とのバランスを図りながら，こうした多様化の動きを奨励することが今後も必要であろう．

注
1) DIYSO は市場価格では持家を持つことができない世帯を対象とし，非営利組織と共同で住宅を購入するもの．購入者は住宅価格の 25 もしくは 50% を支払うことでその分の所有権を持つ．残りは非営利組織から賃貸しているため，非営利組織に家賃を支払うことになる．TIS は HA 居住者が非営利組織の住宅を購入する際，低利子の住宅ローンが利用できる．VPG は居住者以外が HA の住宅を購入する際に交付される補助金．TSH はホームレスなどのための一時的な宿泊所．
2) ただし，HAMA の補助金制度は 2004 年時点では既に終了している．
3) スミスとパターソンは，住宅供給・管理活動以外の付加的なコミュニティ育成・開発に関与している 31 の非営利組織に対して調査を実施している．サンプル抽出に際しては，非営利組織の規模やロケーション等が配慮さている．クラッパムらの調査とは別のものである．
4) Housing Association Act 1985 の Section 75 で規定されていたコーポレーションの機能が，1996 年住居法によって改正された．これによって，コーポレーションは HA だけを直接支援するのではなく，HA の活動の向上に寄与すると思われるプログラムであれば，HA 以外でも支援することが可能になった．また，HA の活動の幅が広がることは活動の向上につながると見なされ，IGP の範疇に含まれるような住宅供給・管理以外のプログラムが奨励されるようになった（Housing Corporation 1996b）．

第6章　公営住宅移管とハウジング・アソシエーション

　HAは，20世紀末から21世紀にかけて飛躍的な発展を見せた．その直接的な要因は公営住宅移管の全国的な普及であり，HAは公営住宅移管の受け皿として，新たな役割を担うことになった．1980年代を通じて追求された民営化政策の限界が露呈する中で，公営住宅移管事業はこれを修正する新たな住宅政策として現れたものであり，公営住宅・社会住宅の新しい管理方式として具体化されたものである．HAの現代的活動展開の原動力となったこの公営住宅移管事業の展開の分析が，本章の第1の課題である．

　第2の課題は，その受け皿として新たに設立されたHAの活動実態について明らかにすることである．公営住宅移管事業は，当初サッチャー政権下で公営住宅システムの解体策として促進されたが，1990年代半ばには公営住宅の改善対策としての重要性を高めていった．当時，社会的排除の問題への対応が喫緊の課題として掲げられ，建物の物理的再生とともに，人々の生活基盤の社会的・経済的再生への取り組みが活発であった．この潮流に乗って，公営住宅移管事業も地域活性化の方向へと，また住宅の物理的改善中心の事業から地域の包括的再生の事業へと方向転換する傾向が見られるようになった．

　こうした事業特性の変化とともに，公営住宅の受け皿として地域住宅会社（Local Housing Company：LHC）という新しいタイプの組織が出現した．地域住宅会社は非営利組織のひとつであり，公営住宅移管事業が活発化する際の起爆剤となっていく．地域住宅会社が，これまで公営住宅の受け皿として設立されてきたHAとどう違うのか，地域住宅会社の設立過程と組織構成

および活動実態を探ることにより，この期におけるイギリス住宅政策の変化とその意味を考察していく．

第1節 公営住宅移管事業の展開

(1) 公営住宅移管事業の推移

イギリスの公営住宅移管は，1988年住居法以降公営住宅大規模自主移管事業（LSVT）を通して，本格的な取り組みが行われるようになった．その後1995年には都市部での移管を促進する団地再生チャレンジファンド（Estate Renewal Challenge Fund：ERCF）が開始され，1990年代後半には，公営住宅移管は自治体所有の不良住宅を改善する主要な手段となった．LSVTとERCFを合わせると，2004年3月までに152の自治体で，延べ195の公営住宅移管事業が実施されている[1]．

1988年以降，移管事業数および移管戸数は徐々に増加していったが，政府は当初こうした自治体の移管事業への積極的な取り組みに対して懸念を示した．と言うのは，移管事業が開始された当時は，すべての自治体が所有する全住宅ストックを1つのHAに移管しており，1事業で移管される戸数はおよそ4,000～8,000戸に上った．これでは，公営住宅団地を別のセクターに新たに作り出すようなものであり，移管によって得られる効果が疑われたのである．

政府の懸念はそれだけではなかった．政府は，移管後の家賃上昇に伴う住宅給付コストの増大に対しても対応が必要であると認識していた．LSVTでは，移管後に民間資金を用いて，これまで放置されてきたストックの改善や設備の近代化を図る．しかし，こうした住宅改善に伴い，移管後の家賃は上昇し，公営住宅に匹敵する低家賃の住宅が地域内にはまったく存在しなくなった．従前居住者には一定期間家賃の上昇を押さえるという家賃保証が行われたが，それを過ぎると家賃は高い率で上昇した．また新規の入居者には家賃保証は適用されないため，これまでの公営住宅より高い家賃が課せられ

た．移管後の家賃上昇によって，政府の住宅給付のコストは増大し，財政を逼迫させつつあったのである．

こうした状況の下，1992年政府は公営住宅移管事業に対して，移管事業の規模を5,000戸以下に制限し，公営住宅売却益に対する課徴金（Levy）を導入した．住宅給付にかかる政府のコスト増を賄うことを理由に，地方自治体は，住宅負債を支払い終えた後，公営住宅を売却した収入の一部（20%）を政府に還元する義務を負った．こうした課徴金の導入は，一般的に自治体の公営住宅売却意欲を削ぐ可能性を持っている．しかし，実際公営住宅の移管は，1991-92年に一時的な戸数の減少を見ただけで，1993年には再び増加し始め，1995年には4万5,000戸に迫っていった（図6-1）．

これは，政府が1992年の総選挙後に，公共支出を4年間で50%削減すると発表したことの影響が大きい．公共支出の削減は，地方自治体が独自で公営住宅を維持管理することを一層困難にする．この間の移管数の増加には，

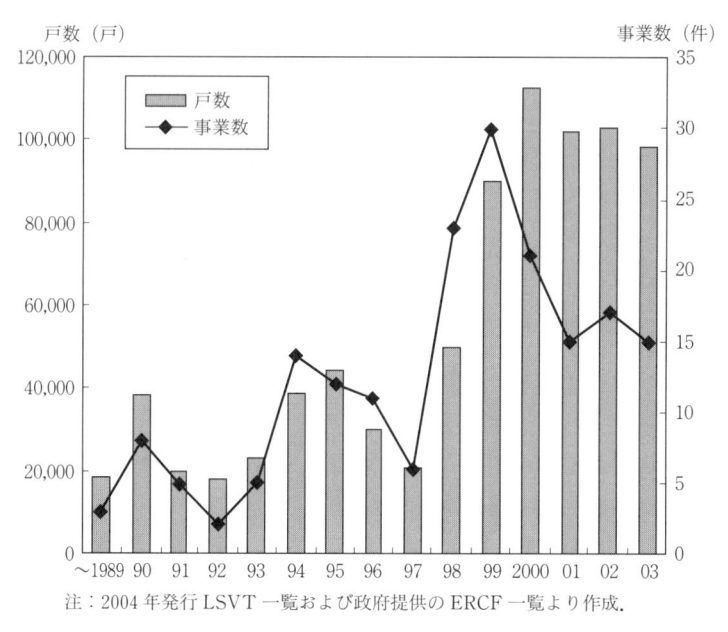

注：2004年発行LSVT一覧および政府提供のERCF一覧より作成．

図6-1　公営住宅移管事業数と戸数の推移（England）

住宅予算に乏しい自治体が，さらなる予算の削減に耐えかねて移管事業を選択した結果が，少なからず反映されているのである．

その後移管戸数は頭打ちとなり，1995年をピークに再び減少し始めるが，1998年以後，再度増加傾向を示す．2000年からは1万戸レベルで移管が進んでいる．これは，結論を先取りすれば，ERCF 事業や労働党ブレア政権による一層の移管事業促進，課徴金と移管戸数制限の変更による影響が反映されているためである．これらの要因について以下詳しく見ていこう．

(2) 団地再生チャレンジファンド

LSVT が本格化した当初，LSVT は主として地方の自治体で実施されており，都市部では一向に進まなかった．LSVT を実施した自治体は，イングランド南部に集中していた．

都市部の自治体が LSVT に対して積極的でなかったのは，主として次の2つの理由による．

第1に，残存する公営住宅ストックが低質で，かつ多くの未修繕住戸を抱えており，売却しても収益をあげることが不可能だったことである．LSVT は基本的には，受け皿となる HA が独自に資金調達を行って公営住宅を買い取るのであり，政府から移管事業に対して補助金が交付されるわけではない．したがって，移管される公営住宅ストックが，HA にとって十分価値のあるものでなければ，事業は成立しない．

一方，地方自治体にとっても，売却益が小さければ地域に対する再投資ができなくなるため，低質ストックの移管は魅力的な事業ではない．1996年の住宅コンディション調査では，イングランド内の公営住宅ストックのおよそ7%が居住不適格であり，これらの修繕に要する費用は莫大な額にのぼると見込まれていた．こうした資産価値のない公営住宅ストックを売却しても，自治体の手に負債が残る結果となる．というのは，当初は，公営住宅を売却した際の収入のうち，75%をこれまでの住宅関連の負債へ，残りを地域内の住宅への再投資に当てることができた．しかし，実際に負債を相殺し，か

つ再投資が可能なほどの実質的な収益が見込めるのは，残存する公営住宅のストックが比較的良好な地域のみであり，多くの地方自治体にとってLSVTはストック改善の解決法となるわけではなかった．特に都市部の自治体の多くが，公営住宅の総価値よりも多くの負債を抱えており，こうした問題に直面していた．

　第2の理由は，政治的な対立である．公営住宅の移管事業は保守党による公営住宅システムの解体化策の1つであり，持家の促進と自治体の権限縮小を最大の目的としていた．しかし，都市部では労働党主導の自治体が多く，住宅供給は自治体の役割であるという理念を強く持ち，こうした自治体の権限縮小化策に抵抗してきた．

　この2点以外にも，都市部だけに限らずLSVTの普及を限定的にした理由として，HAに対する不信感があったことを指摘しておかねばならない．HAが公共財である公営住宅を引き継ぐに値するだけのアカウンタビリティを備えていないのではないかという懸念が，自治体や居住者らがHAに対して不信感を抱く大きな原因となっていた．

　1970-80年代，HAは公的資金を受けて，地域の住宅供給を担う有力な主体にまで成長した．一般に，HAは無給のボランティアで構成される理事会が，最高意思決定機関であり，活動方針や運営に対する責任を負うのであるが，各理事は必ずしも地域の住民によって正式に選出されているわけではない[2]．また，住宅ニーズの多様化に伴って，住宅サービスも多様化・豊富化する必要が生じたことや民間資金の利用によって財政リスクが増したため，理事会には専門的な知識や能力が求められるようになったが，HAの理事会に専門家が参画しているところは少なかった．公的補助を受けていながらも，このようにHAがアカウンタビリティを十分果たせる仕組みや専門性を有していないことに対する自治体や住民の不安が，公営住宅移管事業を困難にしていたのである（Cope 1999, Wilcox et al. 1993）．

　こうして，都市部の公営住宅は，購入権やLSVTによっても売却されず，また公共支出の削減により改善の見通しも立たないまま放置され，ますます

荒廃の色を濃くしていた．

このような状況の中で，1996年メージャー政権は新たな公営住宅移管事業としてERCFを開始した．ERCFは，都市部の荒廃した公営住宅団地を対象に，移管にかかる費用の一部に補助金を交付して移管を促進する事業である．補助金が交付されるという点を除けば，LSVTとほぼ同様の事業である．

ERCFでは，1996-98年の3年間にわたって3回の入札（ラウンド）が行われ，27の自治体が48の移管事業計画を提出した（表6-1）．そのうち6つが住民投票で否決され，3つが住民投票に至る前に計画倒れとなった[3]．一方，それ以外の24の自治体による39の計画では，4万3,000戸を超える住宅が移管され，4億8,700万ポンドの公的補助と7億8,000万ポンドの民間融資が投入された[4]．各ラウンドの補助金額は表6-1のとおりであり，平均すると1事業およそ1,264万6,000ポンドが交付されている．

なお，ERCFは公営住宅の一部を移管する事業であるが，最小規模では，住戸のみの移管で64戸，最大規模では6,900戸が移管された．地域的には，

表6-1　ERCF事業の計画・実施事業数

	事業計画数（自治体数）	計画戸数	事業実施数（自治体数）	補助金総額（100万ポンド）[*3]	事業平均補助額[*1]	移管戸数	否決数	延期/計画中止数
R1	14 (11)	19,712	10 (10)	£125.232 (£155.953)	£12,523,200	7,989	1(1)	3(2)
R2	18 (14)	21,065	15 (12)	£123.787 (£130.344)	£8,252,500	16,861	3(3)	0(0)
R3	16 (11)	20,505	14 (10)	£238.374 (£239.933)	£17,026,700	18,264	2(2)	0(0)
計	48 (27[*2])	61,282	39 (25[*2])	£487.393 (£526.230)	£12,600,800	43,114	6(6)	3(2)

出典：DETR提供のERCF一覧表より作成．R＝ラウンド．
注：[*1] 補助金総額から否決・中止になった事業に交付された補助金額を引いた額を事業実施数で割った額．
　　[*2] 自治体数の合計は，3つのラウンドを通じてERCFを実施した自治体数であり，3つのラウンドの延べ数ではないため，単純合計値と異なる．
　　[*3] 括弧内は，否決・延期/中止に交付された補助金額を含んだ額．

39事業のうち24事業（61%）がロンドンで実施されている．

(3) ブレア政権下の公営住宅移管事業

1997年に誕生したブレア政権は，1998年にERCFを廃止したが，その後も継続して公営住宅移管を推進していくことを明確に示した．保守党政権下では，公営住宅移管事業は，まずもって自治体の権限を縮小化するための公営住宅解体化策であった．ブレア政権もまた，公営住宅の限界を明確に意識し，未修繕の公営住宅ストックをすべて公的資金のみで賄うことは不可能であるとの具体的な試算を示した（DETR 2000a）．しかし，これに対する対策は，自治体権限の縮減やそのための公営住宅の単なる解体化ではなく，地方自治体がイニシアティブを発揮できる枠組みの中で，低家賃等の公営住宅のメリットを活かした経営形態に再編しようとした．移管によって直接的な所有・経営・管理を切り離す一方で，管轄地域全体での住宅供給・管理の方向づけや支援における自治体の戦略的役割の強化が目指されたのである[5]．

このような観点から，公営住宅に見られたような，これまでの大規模な独占的供給体（地方自治体）による官僚的かつ非効率的な住宅供給・管理の体制を改め，移管を通じて，以下3点を達成することを目指した．

1) 公営住宅の管理を，よりコミュニティに密着した小規模な組織による体制へと移行させ，サービスの向上を図る
2) 住民参加のレベルを向上させ，地域に対するアカウンタビリティをより一層高める
3) 地方自治体は直接的な供給主体ではなく，政策立案を行い，戦略的な観点から供給主体を支援する役割に専念する，つまり「イネイブラー（Enabler）」に徹する[6]．

こうした政策理念の下，政府は1999/2000年に25の自治体で約14万戸のLSVTによる移管を承認し，8億2,200万ポンドの売却収入が見込まれた

(DETR 1999b). また，同様に 2000/01 年には 22 の自治体で約 16 万戸の移管が予定され，売却収入は推定 9 億 4,000 万ポンドとされた（DETR 2000b). 移管実績では，前述したように，1999 年以降 10 万戸前後のレベルで実施されている．1999-2003 年には，毎年平均 15 の自治体が移管を実施しており，その大半は都市部で実施されている．保守党政権下では，年間 2〜4 万戸の公営住宅が移管されてきたが，1999 年以降の移管戸数を見ても分かるように，ブレア労働党政権が，保守党政権よりも強力に移管を促進していることは明らかである．

政府は 1998 年に ERCF を終了させ，移管事業に対する補助金交付の仕組みを廃止したが，公営住宅移管事業を促進する方針に変わりはない．公営住宅移管事業をより包括的な地域再生の手段として位置づけ，ERCF に代わって，都市部での移管事業を促進するために以下のような対策を講じた．1) 1992 年に設定された移管戸数の制限を解除し，2) これまで移管事業を行うすべての地方自治体に課せられていた 20% の課徴金を，売却益が生じた自治体に対してのみ課すように制度変更を行った．また，3) SRB やニュー・ディール・フォー・コミュニティ（New Deal for Community）といった都市再生事業の補助金を移管事業地区でも積極的に利用することを謳ったり，4) 2000 年の地方自治体の住宅投資予算（HIP）を大幅に増加したりした（DETR 1999c).

一方，都市部の公営住宅移管が増えるのに対応して，これをよりスムーズに実行するための体制も整えられた．2000 年には，コーポレーションが増加する移管事業に対応して，移管事業登録部（Stock Transfer Registration Unit）を創設し，移管事業および受け皿組織の事業計画を査定するようになった．さらに 2001 年には，全国監査局（National Audit Office : NAO）が，地方自治体の移管計画に対して財政技術的サポートを行うようになった．厳しい事業計画を余儀なくされることから，事業の財政的健全性を確保する体制が整備されたのである．

こうして積極的に推進されるようになった公営住宅移管事業であるが，移

管後の住宅サービスに関してはどのような評価がなされているのであろうか．2003年NAOの発行した報告書によると，移管された住宅の72%が改善されており，住宅修繕については，時間内に迅速な対応がなされていると評価されている．また，家賃上昇もコーポレーションが示したガイドラインの範囲内に収まっており，居住者も全般的に住宅サービスは向上したと評価しているようである[7]．

(4) 公営住宅移管事業の性格変化

公営住宅移管事業が本格化した1988年からこれまでの間に，公営住宅移管事業の性格には変化が見られた．

第1の変化として，公営住宅移管事業にLSVTの部分移管やERCFの実施を契機に，移管事業が都市部でも実施されるようになった点が挙げられる．図6-2は，イングランド国内における移管事業の実施状況を示したものであるが，移管事業は，北部，北東部を除き，ほぼ全域に広がりを見せている．既述のように，LSVTが実施される自治体には，大きな地域的な偏りがあった．当初LSVTはイングランド南部（特に南西部と南東部）に集中しており，1997年までの10年間に都市部で実施されたLSVTは，ブロムレイ（ロンドン），ウォルソーとマンチェスターの3つの自治体においてのみであった．

1998年以降も，LSVTの実施は，依然として地方部での実施が多いが，これ以前の10年と比較すると，ロンドンやメトロポリタン地域でLSVTの実施数は確実に増えていることがわかる（表6-2）．

第2の変化は，移管事業自体がより包括的な都市再生事業型に傾斜してきたことである．先述のように，地方自治体の手に残っている公営住宅は，荒廃度が著しく地域的にも社会的・経済的な問題を多く抱えるものばかりであった．つまり，これまでのように移管事業を通じて，単に住宅の修繕や設備の近代化といった物理的環境の改善を行っても，問題が解決するとは思えない状況にあったのである．ところが次第に，住宅の物理的改善だけでなく，

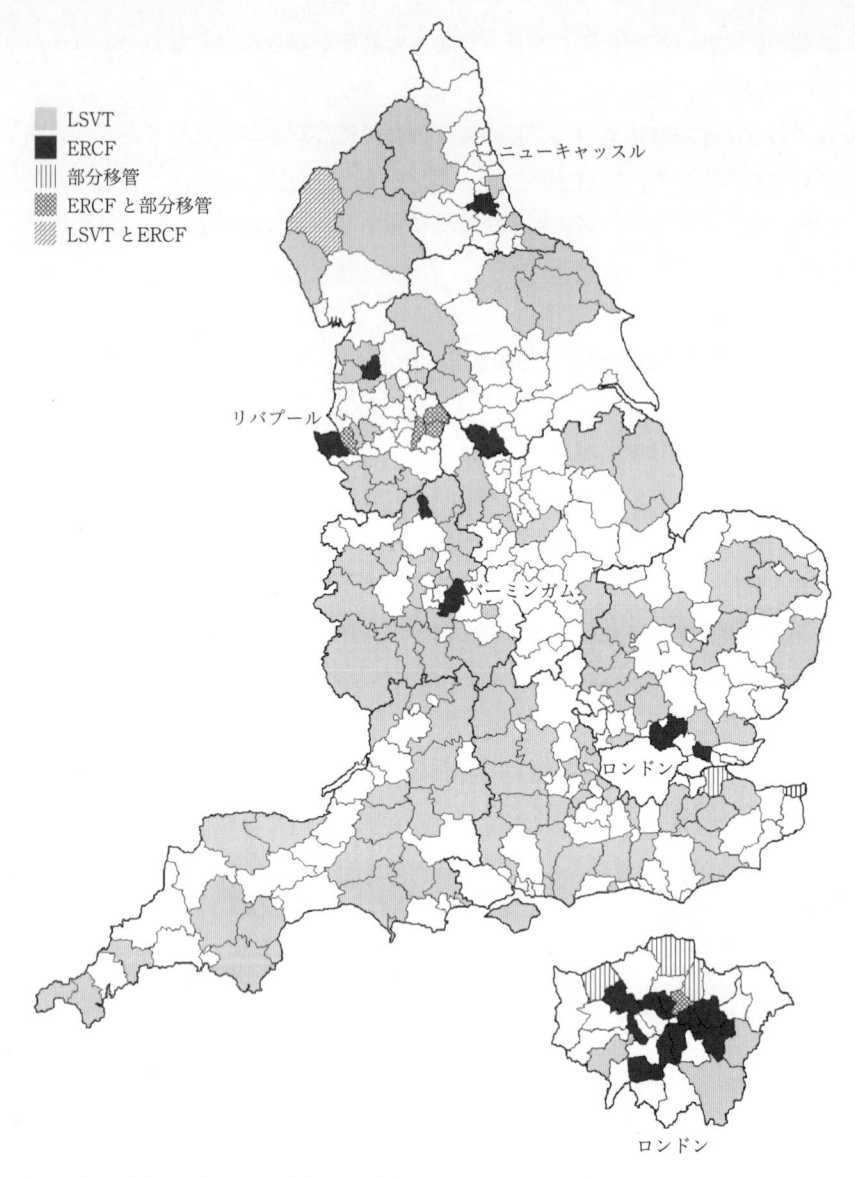

注：DETR 提供の LSVT および ERCF に関するデータベースをもとに作成．

図 6-2　2003 年 3 月までに承認された LSVT と ERCF を実施した自治体

表 6-2 地方自治体のタイプ別 LSVT の実施状況

	ロンドン区		メトロポリタン		ディストリクト		ユニタリー		合計
	部分移管	全移管	部分移管	全移管	部分移管	全移管	部分移管	全移管	
1988〜1997	0	1	2	0	10	48	2	0	63
1998	2	0	0	0	0	5	0	0	7
1999	1	0	1	1	1	8	0	1	13
2000	0	1	5	1	0	12	0	0	19
2001	0	0	1	2	0	9	0	2	14
2002	3	0	1	2	2	7	0	2	17
2003	0	0	7	1	0	7	0	0	15
合 計	8		24		109		7		148

注：ロンドン区とメトロポリタンが大都市圏（ERCF は除いている）．

社会的・経済的な問題への同時的対処が求められるようになり，こうした時代の要請を受けて，公営住宅移管事業もより包括的な事業へと変化していったのである．

ERCF では，住宅修繕や受け皿組織の新設費用のほかに，犯罪防止対策や雇用促進，職業訓練等の地域再生対策費用の一部に対して補助金の利用が認められている．後に詳述するが，2000 年に実施した移管事業の調査でも，移管後に社会的・経済的問題への対応した地域再生プログラムに取り組んでいるところが数多くあった．また，政府も「住宅緑書」において，公営住宅移管事業は今後も一層コミュニティ再生に寄与すると期待を示している（DETR 2000a）．

このように，公営住宅移管が都市部での展開を見せる上で，大きな貢献を果たしたのが，地域住宅会社であった．

1990 年代半ばまでは，LSVT HA[8] が公営住宅移管の受け皿として大きな役割を果たしてきたが，LSVT HA はアカウンタビリティの欠如が大きな批判の的となっていた（Mullins 1998）．特にこれまで公営住宅移管に積極的でない自治体では，HA は社会住宅の主要な供給体として適格であると認められているわけではなかった．HA は公営住宅を民営化するための中央政府の"コマ"としてみなされている部分があったのである．人々の批判や不

表6-3　移管された住宅の受け

年	LSVT(全148事業)									
		既存HA		LSVT HA		LSVT LHC		その他		不明
	事業数	組織数	戸数	組織数	戸数	組織数	戸数	組織数	戸数	組織数	戸数
～1989	3	0	0	3	18,229	—	—	0	0	0	0
1990	8	0	0	8	38,229	—	—	0	0	0	0
1991	5	0	0	5	19,947	—	—	0	0	0	0
1992	2	0	0	2	17,912	—	—	0	0	0	0
1993	5	0	0	5	23,479	—	—	0	0	0	0
1994	14	1	1,700	12	34,402	—	—	0	0	1	2,881
1995	12	0	0	11	39,315	—	—	0	0	1	5,102
1996	9	0	0	8	28,624	—	—	0	0	1	1,409
1997	5	0	0	5	21,004	—	—	0	0	0	0
1998	7	1	4,097	3	9,053	3	10,851	0	0	0	0
1999	13	2	2,224	0	0	10	57,384	0	0	1	3,704
2000	18	3	3,288	0	0	17	105,668	0	0	0	0
2001	15	1	659	2	39,440	12	61,789	0	0	0	0
2002	17	6	12,998	1	7,198	10	82,685	0	0	0	0
2003	15	1	634	2	7,724	10	82,949	1	1,828	1	5,515
合計	148	15	25,600	67	304,556	61	399,467	1	1,828	5	18,611

注：2004年発行LSVT一覧および政府提供のERCF一覧より作成．既存HAによる新たなパ
HAで管理が新組織の場合も，既存HAへの移管としてカウントしている．また別の事業

信感を背景に，公営住宅の移管を推進するためには，地方自治体や住民が公営住宅移管の受け皿として納得する形態が必要とされた．地域住宅会社はこうした要求を背景に，HAやLSVT HAに対するオルタナティブ・モデルのひとつとして出現したのである（Mullins 1998）．

　ERCFでは39の事業のうち，17の事業において地域住宅会社に公営住宅ストックが移管された（表6-3）．既存HAに移管された事業は20であり，どれも住宅ストック数1,500戸以下の事業であった．移管される住宅ストックが多くなると地域住宅会社やHAを新たに設立するケースが目立つ．ERCFで新たにHAが設立されたのは2つであった．またLSVTでは1997年までLSVT HAが移管の受け皿組織であった．その後1998年以降は地域住宅会社がLSVT HAに代わって主な移管先となっている．現在では地域住宅会社という組織形態は，特別なカテゴリーとして見なされなくなり，公

Ⅲ 組織別の移管事業数

小 計		ERCF(全39事業)						小 計	
				既存HA		新規HA		ERCF LHC			
組織数	戸数	事業数	組織数	戸数	組織数	戸数	組織数	戸数	組織数	戸数
3	18,229	—	—	—	—	—	—	—	—
8	38,229	—	—	—	—	—	—	—	—
5	19,947	—	—	—	—	—	—	—	—
2	17,912	—	—	—	—	—	—	—	—
5	23,479	—	—	—	—	—	—	—	—
14	38,983	—	—	—	—	—	—	—	—
12	44,417	—	—	—	—	—	—	—	—
9	30,033	2	2	160	0	0	0	0	2	160
5	21,004	1	1	223	0	0	0	0	1	223
7	24,001	16	7	2,424	1	972	8	9,209	16	12,605
13	63,312	17	9	7,039	1	2,140	7	17,476	17	26,655
20	108,956	3	1	1,204	0	0	2	2,267	3	3,471
15	101,888	—	—	—	—	—	—	—	—
17	102,881	—	—	—	—	—	—	—	—
15	98,650	—	—	—	—	—	—	—	—
150	751,921	39	20	11,050	2	3,112	17	28,952	39	43,114

ートナーシップ組織への移管は既存HAへの移管としてカウントした．所有が既存で同じ組織に移管された場合，別々にカウントしている．LHCは地域住宅会社．

営住宅移管の受け皿としてHAやLSVT HAとほぼ同列に扱われている．

第2節　地域住宅会社

(1)　地域住宅会社の出現

　地域住宅会社は，公営住宅移管事業に伴い，その住宅ストックの受け皿として設立された非営利組織のひとつである．1995年に住居管理協会（Chartered Institute of Housing）が出版した『地域住宅会社に関する手引書（Good Practice Guide on Local Housing Company）』では，地域住宅会社の定義を以下のように示している．

　1)　公共セクターから独立して設立された組織である

2) 地方自治体や借家人その他に対して説明責任をもっている
3) 地域住宅会社における地方自治体の代表は少数派であり，地方自治体のコントロールは受けない
4) 地域住宅会社は，住宅の改善や開発，管理を行い，通常それらは公共セクターから移管されたものである

公営住宅を地域住宅会社に移管させるというアイデアは，保守党政権下の1991年，『イギリス住宅に関する調査書 (Inquiry into British Housing)』(NFHA 1991)[9] の中で最初に浮上した (Lee et al. 1999). この調査は王立委員会の委任の下，民間機関であるジョゼフ・ロウンツリー財団のイニシアティブによって実施された．ここでは 'Transfer of Engagement' (契約の移管) が提唱されており，それは地方自治体の住宅に関わるすべての財産 (Asset) と責任 (Liability) を，財政的に独立した組織に移すというものであった．その後，住居管理協会 (Chartered Institute of Housing) や労働党のニック・レインスフォード[10]らによって地域住宅会社の設立が強く主唱された (Raynsford 1992). 1993年には，ジョゼフ・ロウンツリー財団によって，地域住宅会社の実現可能性を検証する調査報告書が出版された．それは，政府に対して，地域住宅会社の設立に対する提案を真剣に検討するよう要請したものであった (Wilcox et al. 1993).

報告書では，13の自治体をケース・スタディとして，地域住宅会社モデルを評価しており，地域住宅会社は公営住宅を民営化する手法としてではなく，公共セクター住宅の未修繕のための資金を適切に得る現実的な唯一の手法であると結論づけている．

1980-90年代前半の保守党政権は，住宅政策は"ニーズ"に応じて無制限に行うというものではなく，"国家がなしうる範囲 (What the state can afford)"においてのみ対応するべきものであると考えていたが，こうした方針の下，「残余化 (Residualisation)」や「二極化 (Polarisation)」といった問題が深刻化していったことは，これまでに述べてきたとおりである．さ

らには，残余化した住宅を抱える地域の荒廃も進み，保守党政権の住宅政策に対する批判は次第に高まっていた．『イギリス住宅に関する調査書』がこうした当時の住宅事情の悪さを暴露したことによって，保守党の住宅政策に対する批判や論議を高め，政府に既述のような包括的な都市再生対策への取り組みを促すきっかけとなった．

　地域住宅会社の提案も，こうした保守党政権の政策方針の転換期に浮上し，受け入れられた．1996 年には，住居法によって正式に地域住宅会社設立の枠組みが確立され，社会住宅を供給する組織としてコーポレーションへの登録も可能となった．1997 年，政権は保守党から労働党へと交代するが，労働党政権も公営住宅移管事業を継続して実施しており，その主たる受け皿組織として地域住宅会社が設立されている．

　この報告書で示されている地域住宅会社のモデルは，関係居住者によって選出された理事会を持つが，どの理事会にも，借家人や地域コミュニティ組織の代表，地方自治体の代表（議員）に一定議席が割り当てられている．報告書は地域住宅会社が住民参加を向上させ，彼らが受けるサービスに対する住民コントロールを高める機会を提供する組織であることを強調している．地域住宅会社のこうした組織的性格は，事業活動におけるアカウンタビリティを高めるという点で，公営住宅の受け皿としての機能を果たしてきたこれまでの HA よりも高い可能性を持っていると評価することができよう．

　しかし，こうした地域住宅会社のアイデアがすべての人々に歓迎されているわけではない．Association of Metropolitan Authorities（現在は Local Government Association の一部）は，地域住宅会社を民営化への道を拓く後退（Back Door）であると見ている（Cope 1999）．

　ともあれ，地域住宅会社は，ERCF 以降その数を着実に増やしている．1998 年から 2000 年の 3 年間に ERCF を通じて 16 の地域住宅会社が設立された．さらに ERCF が終了して以降も，LSVT を通じて地域住宅会社が設立されており，2 つの移管事業を合わせると 2003 年 12 月までに 77 組織が設立されている（表 6-4）．

表 6-4 LHC の設立数[11]

年	ERCF で設立された LHC 数	LSVT で設立された LHC 数
1998	7	3
1999	7	10
2000	2	17
2001	—	11
2002	—	10
2003	—	10
合　計	16	61

注：DETR 提供の LSVT および ERCF に関するデーターベースから作成．表 6-3 中の LHC の合計よりも本表の合計数が少ないのは，同一の組織に移管した事業が存在するため．

(2) 地域住宅会社の活動内容

このように，これまでの HA とは異なる組織形態を有する地域住宅会社であるが，いったいどのような活動を展開しながら，こうした組織数の増加を実現してきたのだろうか．その内実に迫るため，筆者が独自に実施したアンケート調査とインタビュー調査の結果に基づいて，さらに具体的に分析を進めていこう．

ERCF を通じて設立された 15 の地域住宅会社と LSVT を通じて設立された 22 の地域住宅会社，合計 37 を対象として，2000 年 6 月にアンケート調査を実施した[12]．所在が確認できた会社のみを対象としている．回収数は 21（ERCF 10，LSVT 11），回収率は 56.8％ であった．インタビュー調査は，同年バーミンガム市内にあるオプティマ・コミュニティ・アソシエーションの代表取締役（Chief Executive）と，2004 年 9 月に理事会議長（Chair Person）に対して行った．

事 業 内 容

地域住宅会社の活動は，当面，移管された公営住宅の改善と地域再生対策が中心である．住宅改善事業の内容は，窓の取替え，風呂の近代化，台所設備の近代化，暖房の取付け・近代化，屋根替えが主である（表 6-5）．地域住宅会社が設立されて間もない時期に調査を行ったため，住宅改善事業の実績

表 6-5 住宅改善事業の主な内容

● 窓の取替え (15)	● 防音・断熱材 (壁) の挿入 (6)
● 風呂の近代化 (13)	● セキュリティドアの設置 (5)
● 台所設備の近代化 (13)	● 非常アラームの取付け (5)
● 暖房の取付け・近代化 (12)	● 全体修繕 (4)
● 屋根替え (10)	● ガス設備の近代化 (3)
● 電気配線取替え (7)	● CCTV の設置 (2)
● 外装工事 (6)	● ケアテイキングサービス開始 (2)
● 周辺環境の改善 (6)	● 水道管取替え (1)

注:送付された 17 の地域住宅会社のパンフレットと回答より作成.括弧内は事業を行っている地域住宅会社数(数値は事業実績と計画の両方を含む).

表 6-6 団地の改善度に対する自己評価 (n=21)

改 善 度	(%)
とても改善された	23.8
改善された	19.0
わずかに改善された	38.1
まだ改善されていない	9.5
わからない (「判断できない」を含む)	4.8
無回答	4.8
合 計	100

はまだ定かでなかった.それを反映した回答が,住宅改善の進行具合に対する評価を示した表 6-6 である.これは,地域住宅会社の職員による自己評価であるが,わずかに改善されたと回答した割合が 38.1% と最も高く,まだ改善されていないという回答をあわせると半数近くが低い評価を下している.

また,ERCF であれ LSVT であれ,住民に移管事業の賛否を問う際,移管後に実施する住宅改善の事業計画を提示せねばならない.住宅改善事業を行うにあたっての問題点として,事業計画の内容を達成することが困難であるとの回答も見られ,当初自ら掲げた目標が事業を展開する上でひとつの負担となっている状況もある[13].

既述のように,1980 年代,HA に対する補助金は大幅に削減され,かつその交付制度も大きく変化したことから,HA にとって住宅改善事業は大きなリスクを伴うものとなった.そのため,HA は新規住宅建設を中心に事業

を展開しており，現時点では，地域住宅会社の事業内容はHAのそれとは異なる傾向をもつ．しかし，今後移管された住宅の改善が一通り終了すれば，地域住宅会社もHAと同様に，新規建設や新しい事業を展開する可能性は大きい．実際，住宅改善に一定の目途がついたところでは，すでに新規住宅建設に着手している．

地域再生対策に関しては，図6-3に示すような取り組みが見られる．ERCF LHCでは，移管に際して政府から交付された補助金の一部がこうした地域再生対策に利用できるため，雇用促進や地域安全対策，住民グループの活動支援など，積極的な取り組みを実施している．

また，補助金が交付されないLSVT LHCや補助金では賄えない不足部分については，SRBやEUファンドといった他の補助金を獲得して資金を工面しているところもある[14]．ちなみに，HAも地方自治体や地域コミュニティとパートナーシップを組み，地域再生事業に積極的に乗り出している点は同じである．HAの役割の拡大が強調される中，HAの地域再生への取り組みが期待されているように，公営住宅移管事業にとってもそれは不可欠な要素となっているのである．

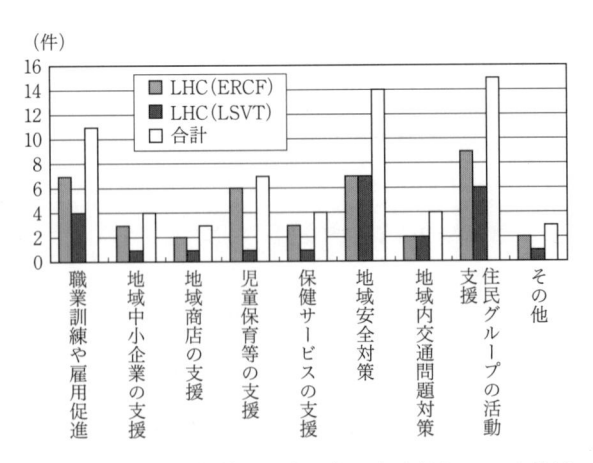

図6-3 地域再生対策への取り組みを実施している地域住宅会社数（複数回答）

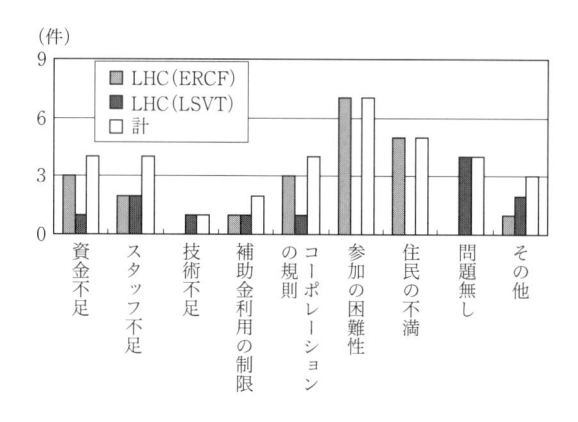

図6-4 地域住宅会社の問題点（複数回答）

そこで，住宅改善や地域再生対策を行うにあたっての問題点を尋ねたところ，ERCF LHC では LSVT LHC より問題点を挙げたところが多かった（図6-4）．「問題がない」と回答した地域住宅会社は，LSVT で4，ERCF で0である．資金やスタッフ，技術不足といった問題では比較的共通しているのに対して，ERCF LHC では参加の困難性や住民の不満といった問題を挙げる組織が多いことが特徴的である．ERCF は物理的にも社会的にも荒廃した都市部の団地を対象に実施された事業であるため，事業実施に伴う問題は LSVT よりも深刻であることがうかがわれる．

住宅管理

住宅管理の特徴として，サービスの質の向上に対する意欲と経営損失を回避しようとする傾向が見られる[15]．サービスの質の向上に関しては，修理要請ホットラインの設置やサービスに対する不満の受け付け，住民の満足度調査，住民との定期的なコンサルテーション等，居住者の声をサービスの向上に反映させる仕組みの整備を進めている．具体的には，日常的な修繕への対応と，居住者の声に対する対応の迅速さや満足度を基準にして，サービスの質の向上度を評価している．つまり，居住者からの依頼や要望に対して，何

時間以内に対応できたか，その対応に居住者は満足したかという点を基準に，自己評価を行っているのである[16]．経営損失回避に関しては，主として空き家数や家賃滞納の縮減と回転率の低下が目標に掲げられている．

　これらの内容は，HAが行っている住宅管理の内容とほとんど変わらない．1999年政府は，HAに対して，「低コスト・高品質なサービス」の供給を求めており，HAの住宅管理パフォーマンスの向上に拍車がかかっている（DETR 1999d）．政府のこうした効率化促進対策に沿って，コーポレーションでもHAが住宅供給・管理サービスを効率化するための具体策などをを提示している（Housing Corporation 1999c）

　また，地域住宅会社の利点は何かという質問に対して，「コミュニティとの強いつながり」，「地域性」，「小規模である」，「地域や特定の団地管理に集中できる」といった地域との密着度の高さを示す回答が比較的多く見られた（表6-7）．こうした利点は，より地域に密着した住宅管理ができる可能性を秘めている．ERCF LHCはそのほとんどが所有住宅戸数2,000戸以下の規模であり，本部オフィスが管理する住宅に隣接している場合が多い．また，本部オフィスとは別に，居住者が気軽にアクセスできるように，団地や地域ごとにエリア・オフィスを設置しているところもある．

　コミュニケーション手段の豊富化やオフィスを地域に近接させることで，地域住宅会社の職員と住民との距離が短くなっており，こうした点が地域住宅会社の地域密着度として評価されていると考えられる．

　しかし，地域住宅会社のなかには，膨大な所有住宅を所有する大規模なものもある．仮に所有住宅ストック数が2,000戸以下のLHCを小規模，2,001～7,000戸を中規模，7,001戸以上を大規模とすると，表6-8に示すように，地域住宅会社はその35％が小規模，50.5％が中規模，15％が大規模である．また，LSVT LHCはERCF LHCよりも規模が大きい傾向にある．

　こうした比較的規模の大きな地域住宅会社では，地域オフィスや地域サービスセンターなどを設置して住民との距離を縮める努力をしているところもあるが，これまでの地方自治体のような独占的な体制を引き継ぐ可能性があ

表 6-7　地域住宅会社の利点（記述式回答）（無回答 2）

	LHC の利点（　）内は意見数
住民参加度	コミュニティに対してアカウンタブル（3） 住民参加の度合いが高い（6） 住民が理事会メンバーの 1/3 を占めている（2） コミュニティとの強いつながり（4）
地域密着度	地域性がある（2） 小規模である（2） 地域や特定の団地管理に集中できる（2） 居住者の要請に対して即応性がある（1） 地方自治体とのつながりが強い（4） 地域にビジネスやサービスを供給できる（1）
非営利組織の柔軟性	柔軟である（2） 政治から自由（1） 自由に融資を受けられる（1） 新しいビジネスができる（1） 新しいタイプの組織である（1）

表 6-8　移管された住宅戸数

移管された住宅戸数	ERCF LHC 数(%)	LSVT LHC 数(%)	計（%）
0～1,000	6（40.0）	1（4.0）	7（17.5）
1,001～2,000	6（40.0）	1（4.0）	7（17.5）
2,001～3,000	0（0.0）	1（4.0）	1（2.5）
3,001～4,000	0（0.0）	8（32.0）	8（20.0）
4,001～5,000	2（13.3）	3（12.0）	5（12.5）
5,001～6,000	0（0.0）	3（12.0）	3（7.5）
6,001～7,000	1（6.7）	2（8.0）	3（7.5）
7,001～8,000	0（0.0）	1（4.0）	1（2.5）
8,001～9,000	0（0.0）	2（8.0）	2（5.0）
9,001～10,000	0（0.0）	2（8.0）	2（5.0）
10,000 以上	0（0.0）	1（4.0）	1（2.5）
合　計	15（100.0）	25（100.0）	40（100.0）

注：DETR 提供の LSVT および ERCF に関するデーターベースから作成．

ることが危惧される．2000 年の調査以降，移管戸数の上限が撤廃され，都市部での移管事業も一層普及していることから，大規模な地域住宅会社が出現している．地域住宅会社は，地方自治体では実現が困難であった地域密着型の住宅管理を最大の魅力とする仕組みである．この魅力を喪失しないため

にも，組織規模が大きくなるに連れて，地域密着度を高めるためのより一層の努力と工夫が必要となってくるだろう．

理事会の構成

地域住宅会社は会社法の下，有限会社（Company Limited by Guarantee）として設立される[17]．HA や LSVT HA と同様に，税制優遇を目的に慈善組織として登録するものもある．しかし，これらの組織形態には，住宅供給・管理を行っていく上で，実質的な違いはほとんどない．HA や LSVT HA と地域住宅会社の組織構成の相違は，理事会（Board/Committee）の構成と職員の雇用にある．まずは理事会の構成から見ていこう．

地域住宅会社では，住民の代表と地方自治体の代表（議員），住宅や組織経営の専門家などの第3者が同じ割合で理事会を構成している．HA や LSVT HA では，住民代表を理事会に登用することはあっても，住民が理事会の1/3以上を占めることはない．アンケートに回答した地域住宅会社では，理事会の人数は9～18人であり，回答した22の地域住宅会社中，14の地域住宅会社で，住民と議員，第3者が等しい割合であった．住民代表（地域住民と地域住宅会社の居住者）の割合を最大にしている地域住宅会社が6つあり，そのうち5つは ERCF LHC であった（表6-9）．ERCF LHC では，LSVT LHC や HA と比較して，住民の組織運営や活動方針に対するコントロールを高めようとする傾向が強いと言える．ERCF の事業が他よりも困難な状況であったことから判断して，住民のコントロールを高めることで，移管事業に対する住民の不安や反対を緩和し，事業の推進力を高めようとしたことがうかがえる．地域住宅会社の自己評価でも，ハイレベルな住民参加を評価する声が多い（前掲表6-7）．

1989年地方政府および住居法を基にして作成された公営住宅移管に関するガイドラインでは，議員は，LSVT HA の理事会全体の20%以上を占めてはならないという制限があったが，地域住宅会社では49%までの登用が認められるようになっている（Cope 1999, Chartered Institute of Housing

表 6-9　理事会メンバーにおける各主体の比率

	LHC (ERCF)	LHC (LSVT)
住民代表が最大	5	1
地方自治体代表が最大	0	0
第3者(関連HAを含む)が最大	0	2
同比率	5	8
合　計	10	11

1996)．議員が理事会メンバーとなることで，地方自治体が少なからず地域の住宅供給に対してアカウンタビリティを果たせる仕組みが用意されていることになり，地域住宅会社の利点としても大きく評価されている（前掲表6-7）．

職員の雇用

地域住宅会社の職員は，元自治体職員が多い．アンケートに回答した9割の地域住宅会社では自治体職員を採用しており，なかには全職員の100%近くを元自治体職員が占める地域住宅会社もあった．移管事業に伴い，地方自治体の実質的業務が縮小されることから，TUPE (Transfer of Undertakings-Protection of Employment) という地方自治体職員の雇用を保護する制度がある．この制度によって多くの自治体職員がHAや地域住宅会社へ転職しているものと考えられる．また，地域住宅会社の代表取締役の前職は，元地方自治体職員が15と最も多かった[18]．特にLSVT LHCの代表取締役はすべて元地方自治体職員であった．また，彼らは自治体での仕事と比較して，現在の仕事を「満足・素晴らしい」「新しい挑戦」「新しい機会」「官僚主義からの解放」「より責任ある仕事」「明確な目標がある」と評価している．この評価から代表取締役らが地域住宅会社のフレキシビリティの高さとそれに伴う責任の大きさを感じていることがわかる．

職員数を見ると，当然のことながら移管された住戸数が多くなるほど数が増える（表6-10）．しかし，住戸数の多い組織ほど外部委託によって，職員

表 6-10 地域住宅会社の規模と職員数

住戸数＼職員数	1~50	51~100	101~150	151~200	201 以上	合 計
0~1,000	3	0	0	0	0	3
1,001~2,000	3	0	0	0	0	3
2,001~3,000	0	1	1	0	0	2
3,001~4,000	0	0	1	0	0	1
4,000 以上	0	1	1	3	1	6
合 計	6	2	3	3	1	15

数を低減しようとする傾向もある．バーミンガムのオプティマ・コミュニティ・アソシエーションでは 100 人の職員雇用を予定していたが，業務の一部を外部に委託し，職員数を 60 人にまで削減した．また IT の整備にも力を入れており，経営の効率化が進められている．

アカウンタビリティ問題

地域住宅会社の組織構成や活動内容から判断すると，地域住宅会社と HA や LSVT HA との最も大きな相違点は，地域・居住者との密着度とそこからくるアカウンタビリティの必要性の高さにあるといえる．

表 6-11 に見られるように，公営住宅移管事業において地域住宅会社が選択された理由として，住民のコントロールや住民参加の度合いの高さ，地方自治体の影響力が挙がっている．また，地域住宅会社の利点についての回答でも，理事会メンバーの 3 分の 1 が住民で構成されていることや住民参加や地域密着度の高さが評価されている（前傾表 6-7）．

前述のように，従来公的補助金や地方自治体の所有する土地や住宅など，公共の資産を HA に移管することに対しては批判が強く，HA や LSVT HA のアカウンタビリティの欠如が問題になっていた．しかし，地域住宅会社においては住民と地方自治体の代表が組織運営や政策方針の決定に大きな影響力をもつことができるので，HA よりもアカウンタビリティが高いと評価されているのである．このように地域住宅会社の登場が，アカウンタビリ

表 6-11 地域住宅会社の形態が選択された理由（記述式回答）（無回答 2）

① アカウンタビリティが高い（3）
② 地域密着度・地域性が高い（3）
③ 住民のコントロールが可能（2）
④ 住民参加の度合いが高い（9）
⑤ 政治的に許容されている（3）
⑥ 地方自治体が影響力を持てる（11）
⑦ HA とかわりはない（1）
⑧ 公営住宅居住者の HA へのマイナス・イメージ（1）
⑨ 住民投票の成功率が高い（1）
⑩ 望ましいパートナーシップの形態（1）

ティ問題を解決する 1 つの有力な手段になりつつある．

第 3 節　バーミンガム市の公営住宅移管

ここからは，具体的に公営住宅移管事業がどのように実施されているかを，バーミンガム市の ERCF 事業を事例として，詳しく見ていこう[19]．

（1）団地移管の背景

バーミンガム市は 1998 年度の ERCF のラウンド 3 を通じて，市の中心部のセントラル・エリアに位置する 4 団地（Lee Bank, Woodview, Ben more, Five Way）と 2 つの高層住宅（Cleveland and Clydesdale tower）の移管に成功した（図 6-5）．

セントラル・エリアは 1960 年代に再開発された地域であり，地域内の住宅の 70～80％ が公営住宅であった．再開発直後は大変人気の高い地域であったが，1970 年代初めには物理的にも社会的にも問題が噴出し初め，市内でも孤立した地域となっていった．これらの団地は，高層住宅やメゾネット・タイプの住宅が半分以上を占めており，周辺を交通量の多い幹線道路が取り巻いている．また，当時流行した広大なオープン・スペースを設けていたが，犯罪を誘発する原因のひとつとなっており，こうした団地計画の失敗

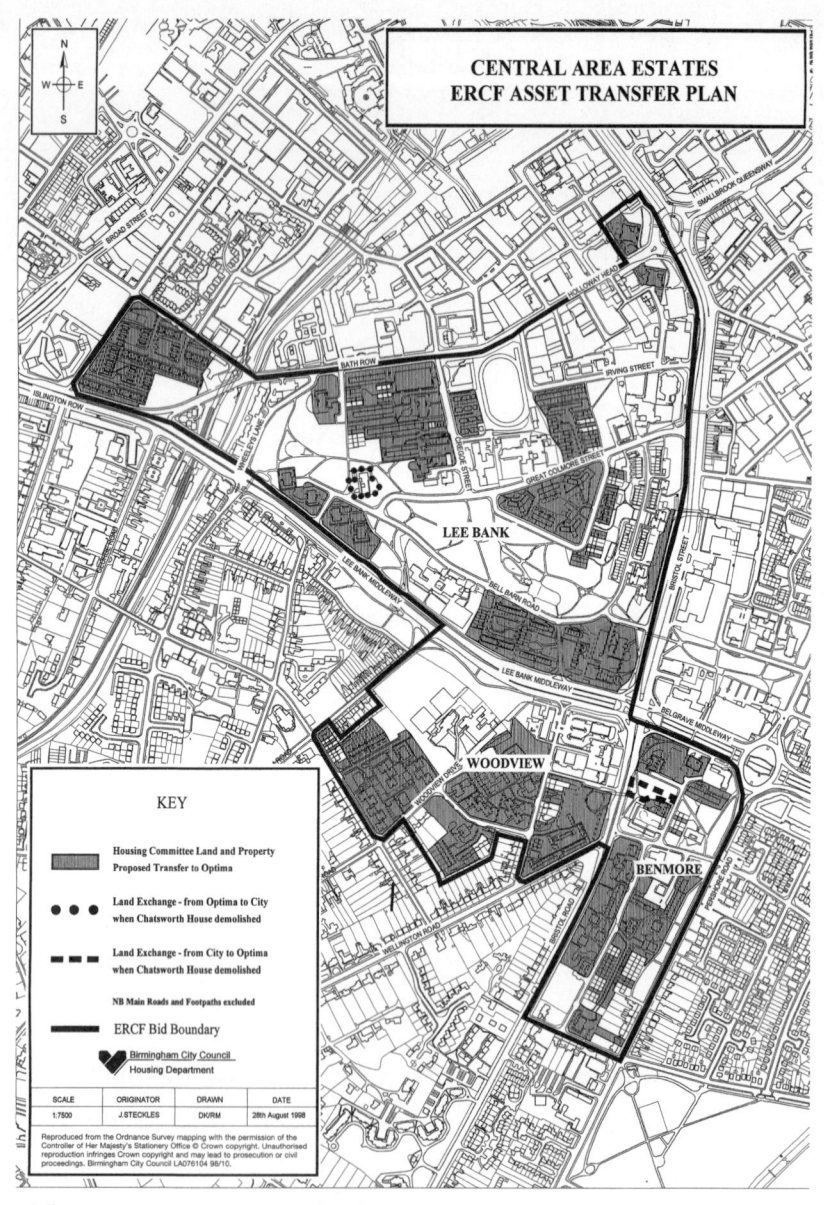

出典：Birmingham City Council（1997）．

図 6-5　ERCF 事業の範囲

が，地域を一層孤立化させていた．

2000年時点で，この地域には約6,000人が居住している．エスニック・マイノリティの割合が24.7％と市全体の5.8％と比較すると大変高い．また，失業率や単親世帯率もそれぞれ21.1％，12.8％と高く，社会的排除の問題が深刻な地域でもある（Birmingham City Council 1993）．

バーミンガム市は，これまでも団地アクション事業[20]を利用して団地改善を行ってきたが，地域内のすべての団地がこの修繕事業

写真6-1　セントラル・エリアの高層住宅

の恩恵を受けたわけではなかった．修繕の必要な住宅ストックは未だ大量に残っており，地域住民をはじめ，バーミンガム市も団地再生の方法を模索していた．

バーミンガム市は1990年代末，353棟の高層住宅を含む，およそ9万5,000戸の公営住宅を所有していた．これらのほとんどは戦前に建設された戸建ての住宅か，戦後にプレハブ工法などで建設された低質なフラットやメゾネット・タイプの住戸であった．これらの住宅ストックを改善するためには，およそ10～20億ポンドが必要であったが，1998/99年度の市の住宅予算は約3,500万ポンドであり，市がこれらの住宅ストックの改善を独自で行うことは不可能であった．こうした厳しい財政条件のもと，市はセントラル・エリアの団地を改善する手段の1つとして，ERCFの実施を地域住民らに提案した．これまで，バーミンガム市にとって公営住宅移管は団地再生の手段として望ましい選択肢ではなかった．なぜなら，市は住宅供給・管理は自治体の役割であるという意識が強く，これまでの移管事業のシステムに

写真 6-2 荒廃した地域の商店

不信感を抱いていたためである．しかし，地域住宅会社が登場し，移管自体に対する考え方に変化が生じたことで，移管事業を団地再生の手段として捉えることが可能になった．ERCFでは，補助金の交付があることも，市の姿勢に大きく影響した．

バーミンガム市と地域住民らは，団地改善の方策を探るため，ワーキング・グループを結成した．このグループは，市の職員や地域選出の議員，住民，アドバイザー，警察官，保健機関の職員らによって構成された．ワーキング・グループは，団地や周辺地域の物理的環境や住民の雇用状況，健康状態，地域の犯罪発生率など様々な調査を実施した．

(2) 移管プロセス

ERCFは制度が複雑でかつ自治体にとってリスクの高い事業である．図6-6にERCFによる移管事業のプロセスを，表6-12にバーミンガム市の移管までの主なプロセスを示す．LSVTでも同様であるが，ERCFは地方自治体が住民代表との公式な協議の末，移管する公営住宅団地を決定し，政府へ移管事業の概要を示した計画書とともに補助金申請を行う．第1回目の入札

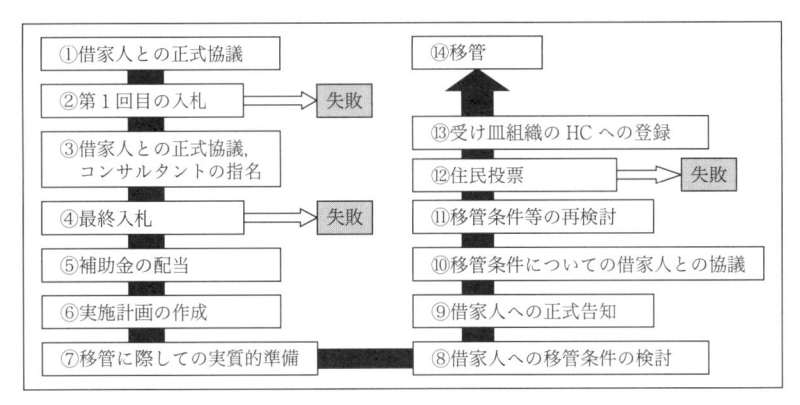

```
┌─────────────────────────────────────────────────────────┐
│  ①借家人との正式協議            ⑭移管                    │
│  ②第1回目の入札  → 失敗           ↑                      │
│                                ⑬受け皿組織のHCへの登録   │
│  ③借家人との正式協議,          ⑫住民投票      → 失敗     │
│    コンサルタントの指名                                  │
│  ④最終入札      → 失敗         ⑪移管条件等の再検討       │
│  ⑤補助金の配当                ⑩移管条件についての借家人との協議│
│  ⑥実施計画の作成              ⑨借家人への正式告知       │
│  ⑦移管に際しての実質的準備    ⑧借家人への移管条件の検討 │
└─────────────────────────────────────────────────────────┘
```

注:Nevin (1999) をもとに作成.HC=ハウジング・コーポレーション.

図 6-6 ERCF の事業プロセス

表 6-12 住宅ストック移管までのプロセス

年	
1996	団地再生ワーキング・グループの結成
1997	ERCF 入札
1998.3	ERCF 補助金獲得の告知
1998.4	移管事業促進チームの結成
1998.4-12	住民との協議
1998.12	住民投票
1999.6	住宅ストックの移管

注:インタビューをもとに作成.

に成功すると,再度具体的な実施計画を提示する最終入札へ進むことができる.この最終入札を通過して初めて補助金交付の権利を得ることができる.バーミンガム市では1997年に申請し,1998年3月に入札成功の知らせを受け,総額で4,980万ポンドの補助金を得ることとなった.

最終入札後,自治体は住民代表と協議しながら具体的な実施計画を練り,予測される住環境の変化や家賃,住民の権利の変化など移管に伴って生じる変化や今後の計画などに関する情報を提供しなくてはならない.バーミンガム市は,こうした準備に際して,住宅だけでなく他分野の専門家を含めた移管促進チームを結成した.このチームを中心に,住民との協議を重ねていっ

た．市は協議にあたって，住民が市と対等に協議できるように住民側にアドバイザーを雇っている．また，戸別訪問や冊子，ニュースレター，ビデオ，オーディオ・テープなど様々な媒体を利用して事業についての情報を住民に伝え，住民との意見交換を重ねながら，計画案をフィード・バックさせてきた．こうした情報・意見交換を重ねた後，移管事業実施の是非が住民投票によって下される．バーミンガム市の移管対象団地では，移管事業計画がまとまるまでに約1年を費やした．結果，64％の投票率で62％の居住者が賛成の意を示した．これによって対象団地は，新しく設立された地域住宅会社であるオプティマ・コミュニティ・アソシエーション（以下オプティマと略記）へ移管された．

　ERCFは，住民投票で反対が多数を占めて事業が頓挫すると，これまでの準備にかかった資金や労力が無駄になる危険性をはらんでいる．また，移管される住宅ストックの価値が低いことから，補助金を得る権利を得ても，民間融資をひきつけることができず，住民投票に至る前に事業が頓挫したケースもある．オプティマでも最も大きな問題のひとつは，民間融資の獲得であった．もともと資産価値の低い住宅ストックであったため，補助金を得ても，民間金融機関は事業への融資を渋っていた．この移管事業が投資に値するものであることを示し，民間金融機関を納得させることが最も大きな困難であったが，粘り強い交渉の末，最終的にオプティマは3,700万ポンドの民間融資をひきつけることができた．

　ERCFはリスクの高い事業である上，複雑な手続きを経なければならない．しかし，こうした複雑さは住民との協議を徹底して行うための過程である．バーミンガム市の場合，事業を計画する段階から，作成した計画の単なる情報公開という一方通行のコミュニケーションでなく，住民の意見が市へフィード・バックされる双方向のコミュニケーションを持っていた．住民はこれまでの自治体の不十分な住宅管理や官僚的なやり方に大きな不満を持っており，今回の移管事業についても不信感を抱いていたが，こうした双方向のコミュニケーションによって，市と住民との関係改善が図られ，事業に対

する賛成が得られたのである.インタビューのなかで代表取締役が最も強調したことも,住民との信頼関係の構築であった.

(3) 移管に伴う団地改善策

住宅ストックの移管に伴って住民に提案された団地改善計画は,住宅の取り壊しや建物構造の改善,設備改善といった物理的改善からコンシェルジェ・サービス(管理人配置サービス)などの安全対策,地域内の施設の充実や交通問題への対処にまでわたる包括的なものである.住宅改善の内容は,住民に移管事業の是非を問う前の段階で,各住棟毎の改善計画が住戸内改善,住戸外改善,周辺環境の改善別に提案された.

オプティマには,約2,800戸の住宅が移管されたが,そのうち900戸は取り壊される予定であり,残り1,800戸に対しては順に改善作業が進められている.また,当面は改善事業が中心であるが,今後は新規建設にも着手することが計画されており,6年間で250戸の住宅建設が「オプティマ・チャレンジ」として掲げられている[21].さらには,バーミンガム市と協力して,当該地域の一部に,公園や道路・歩道整備,公共交通機関を誘致する総合的な再開発事業に着手する準備も進めており,その中には新たに553戸の住宅建設が予定されている.自治体所有のままでは不可能であったと思われるスピードで,確実に住宅改善事業が進行しているのは,当該地に立てば一目瞭然である.

表6-13は,オプティマによる1年間の住宅関連事業の成果を示している.これは,オプティマ設立から1年経った時点での成果であり,どれもそれぞれの対策に着手したばかりであったが,2003年の年間報告書では,オプティマの所有する90%の住宅が政府の「Decent Home Standard」を満たす状況にまで至るほどの進捗を見せている.

ただし,こうした住宅改善によって,家賃は上昇する.移管後,新しい住宅や修繕がなされた住宅に住む居住者(従前居住者)の家賃は,5年間,最大インフレーション率+1%までしか値上がりしないことが保証されている.

写真6-3　改善されたフラット

当面は5年間の保証期間が過ぎてからも、オプティマはインフレーション率＋1％内に抑えることを提示している。

オプティマでは、借家人の移管後の家賃に対する不安を解消するため、対象地域の全世帯に配布されたコンサルテーション・ブックの中で、移管後に予想される家賃レベルを提示した（表6-14）。ここでは、公営住宅が補助金無しに改善が行われた場合と、改善が行われないままの2ケースでの比較が行われており、移管事業の方が、補助金によって従前居住者の家賃は低く押さえられることがアピールされている。しかし、新規の入居者に対しては、家賃保証は行われないため、初期の家賃上昇は5％と高い率が課せられることになっている。また、家賃上昇の割合は、住宅改善の内容や程度によっても異なる。表6-15に示すように、コンシェルジェ・サービスなどが追加されると、かなりの家賃上昇となるこ

表6-13　1年間の住宅関連事業の成果

- 300世帯の移転
- 100戸の取り壊し
- コンシェルジェ・サービスを外注
- 暖房機器サービス改善
- 新規住宅建設計画の準備開始
- 8つの高層住宅の修繕事業開始
- 修繕サービスの実質的改善
- 再開発と新規建設のためのワーキング・グループの結成

注：オプティマ，チーフ・エグゼクティブのプレゼンテーション資料参照．

写真 6-4　オプティマが供給した新しいフラット

表 6-14　家賃上昇のシュミレーション（週家賃）

年	住宅改善後のオプティマの平均家賃(ポンド)	住宅改善を実施しない場合の公営住宅の平均家賃(ポンド)	住宅改善を実施した場合の公営住宅の平均家賃(ポンド)
現在の平均家賃	40.41	40.41	40.41
1999/00	43.10	42.03	44.39
2000/01	46.77	44.13	48.98
2001/02	50.38	46.34	53.79
2002/03	54.21	48.65	58.84
2003/04	58.26	51.09	64.25

注：現在の平均家賃はバーミンガム市が移管準備期間中（1996-97 年）に示したもの．
出典：Birmingham City Council（1997）．

とが想定された．しかし，これら当初の家賃上昇のシミュレーションから見ると，現状は想定よりも低いレベルに家賃上昇が抑えられていると言えよう（表 6-16）．

　オプティマでは住宅改善事業のほかにも，深刻になっている社会的排除の問題に対処するため，包括的な地域再生対策が実施されている．実際，オプティマが得た補助金 4,980 万ポンドのうち，当初 440 万ポンドが住宅改善以外の地域再生予算として確保された．2001 年と 2002 年には，それぞれ 10 万ポンド前後が利用されている．地域再生対策を推進するために，ワーキン

表 6-15 住宅改善の内容とそれに伴う家賃上昇例

住宅改善の内容	1998/99年レベルでの週家賃の上昇（ポンド）
台所もしくは浴室のリファービッシュ	4.19
1寝室の住戸に対する暖房機の導入	4.48
2寝室の住戸に対する暖房機の導入	4.73
3寝室の住戸に対する暖房機の導入	5.22
4寝室の住戸に対する暖房機の導入	5.97
1寝室の住戸に対する暖房機のアップグレード	1.05
2寝室の住戸に対する暖房機のアップグレード	1.57
新しい管理人（コンシェルジェ）サービスの導入	8.38

出典：Birmingham City Council (1997).

表 6-16 実際の家賃レベルの推移（週家賃）

	1999/00	2001/02	2002/03
サービス・チャージ	7.05	8.94	9.83
平均家賃	39.17	44.43	47.02
簡易宿舎	30.69	36.61	37.34
1寝室	38.93	41.53	44.36
2寝室	38.6	45.13	47.65
3寝室	40.58	47.49	49.82
4寝室以上	56.04	59.52	61.47

出典：Optima (2003).

グ・グループが結成され，警察や市の職業訓練センターなどと協力して，治安対策や雇用創出などに力を入れている．

　この他にも，SRBや政府の特別プログラムから補助金をひきつけ，CCTVの導入や，コミュニティ・セイフティ・コーディネーターの指名など，地域の安全策を講じたり，建設現場での雇用や技術訓練，コミュニティ・グループの活動資金を補助するスモール・グラント制度（最高3,000ポンドまで）の創設，芸術に触れる機会の創出など多岐にわたる活動を繰り広げている（表6-17）．

　こうした一連の活動の結果，オプティマのサービスに対して，居住者は高い満足度を示している（Optima 2003）．また，2002年に実施されたコーポレーションによる査察結果も良好であり，当該地域では移管事業が成果を挙

表6-17 地域再生対策

主たるターゲット	具 体 策
就業対策	職業訓練，就業支援，言語訓練，特別職業訓練（IT習得，建設技術習得など）．
治 安	Safer Estates Agreement（警察との特別情報交換契約），Community Safety Co-ordinator，CCTV設置（20万ポンド補助） 犯罪撲滅対策（4.5万ポンド補助），遺棄車の処理 コミュニティ・ワーデン，Practical Care Worker（空巣対策のための人員配置）
参加とコミュニティ育成	リソースセンターの設置，スモール・グラント制度
レジャー	カリビアン・パーティ，高齢者のクリスマスパーティ，アートコーディネーター
教 育	子供の学外教育

出典：Optima（2003）より作成．

げていると評価できよう（Housing Corporation 2003a）．

第4節　公営住宅ストック再生・活用策としての移管

　1990年代後半，公営住宅移管事業は公営住宅の民営化策としてではなく，公営住宅団地再生の一手段として実施されるようになり，住宅の物理的な改善だけでなく，居住者の生活基盤の支援を含む包括的な地域再生へと変化してきた．バーミンガム市の事例でも見たように，移管後住宅改善や地域再生対策は確実に進み，住宅サービスに対する居住者の満足度も高くなっている．

　これは，バーミンガム市の事例でのみ見られる状況ではない．全国監査局（NAO）の報告書にも，移管事業を通じて多くの住宅改善が実現し，住宅関連サービスの提供も適切に行われていることが記されている．公営住宅移管は，老朽化して荒廃した公営住宅団地の有効な再生手段となっているのである．

　そして，地域住宅会社も，地域に対するアカウンタビリティを維持しつつ，民間融資によって修繕や供給するサービスの質を向上することが可能な組織として普及している．現在では公営住宅移管の受け皿組織は，ほとんどが地

域住宅会社の形態を採用しており，地域住宅会社とHAは明確に差別化されなくなっている．

　保守党政権下の公営住宅移管は，地方自治体の権限を縮小し，公営住宅を「民営化」する手法として実施されてきた．地方自治体も財政難のため公営住宅改善が困難であることからこの「民営化」を受け入れてきたが，アカウンタビリティの問題や実施地域の偏りなど問題が多く，「民営化」策のオルタナティブが模索された．その結果，地域住宅会社という新しいタイプの組織が発案され，そしてそれが実現普及した．居住者や自治体が抱いていたHAや移管事業に対する不信感や敵対心はこれによって緩和され，公営住宅移管事業は居住者や地方自治体にとってより受け入れやすいものとなったのである．

　確かに，現在でも移管事業に反対する自治体や居住者は存在している．しかし，移管をめぐる本質的問題は，住宅を公共が所有するか，HAが所有するかということではなく，どうすれば質の良い住宅がアフォーダブルな家賃（価格）で多くの人の手に渡るかということである．公営住宅移管に限って言えば，それを達成するために必要なことは，アカウンタビリティの向上と自治体と居住者との信頼関係に基づく良好なパートナーシップの構築である．地域住宅会社のアカウンタビリティは，特に住民と地方自治体のコントロールによって担保されている．今後，HAをはじめとするすべての社会供給体にとって，住民と地方自治体との関係をどう構築していくかが，アカウンタビリティを向上させる鍵となるであろう．

　もう1点，公営住宅移管事業の進行によって，自治体とHAの役割分担が一層明確になってきたことも特筆すべきことであろう．地域住宅会社は，住宅供給・管理という実質的な役割を担い，地方自治体が地域の住宅政策立案やパートナーシップのコーディネーターとしての役割を担っている．地域住宅会社と自治体の間に密接でかつ独立した関係が構築されつつある今，戦略的な「イネイブラー」としての自治体の役割が，住民やHA等とのパートナーシップを通じて求められており，また発揮されつつあると見ることが

できよう.

注
1) ここで示した数は，2004年3月までのLSVTと全ERCFの数が含まれる．ODPMのデーターベースには，事業数188（ERCF 39事業のうち32がこの数に含まれる＝つまり156のLSVT事業）が掲載されている．ERCF（39事業）については，DETR提供の資料を参照している．ここで示したLSVTの事業数が，表6-3で示す数と異なるのは，表中の事業が2003年末までの数だからである．
2) 各理事は，1ポンドを支払ってメンバー（シェア・ホールダー）となった居住者や関係者によって選出される．理事会の構成は，HAによって様々であるが，一般に地域の有識者や企業経営および住宅の専門家，弁護士など，HAや地域の住宅事情に関心のある者，住民代表などによって構成される．また一部のHAでは，組織設立者の一族など特定の人物が議席を持っている．
3) 但し3つのうち2つは最終入札に再度申請を行い，計画を遂行した．
4) DETR提供のERCFに関するデータベースによる．
5) これは，住宅供給・管理は自治体の役割であるとした労働党の伝統的なスタンスからの，大きな転換を意味する．その後労働党は，「住宅緑書」において，自治体による独占的な「社会住宅」供給・管理の実態を指摘し，より小規模で居住者参加レベルの高い地域密着型の組織による住宅サービスの供給が望ましいことを示した（DETR 2000a）．こうした考え方の変化は，公営住宅移管事業だけでなく，民間資金主導策（Private Finance Initative：PFI）の積極的導入や住宅管理会社（Arm-Length Management Oraganisation：ALMO）設立といった公営住宅管理の外部化にも見ることができる．
6) この3点目にある「イネイブラー」としての役割は，かつて保守党政権下でも唱えられた経緯がある．しかし，かつてのそれが移管事業を通じて権限を縮小された自治体の役割を表現する用語であった点で，戦略の担い手として自治体の積極的な役割を位置づけたこの場合とは，その内容において質的な相違がある．
7) NAOは，2003年「Improving Social Housing Through Transfer」と題した報告書を作成した．これは，移管の受け皿として設立された10の組織（HAおよびLHC）のケース・スタディを含めた60の受け皿組織に対する調査と，コーポレーションが収集している各組織のパフォーマンスに関するデータ分析，居住者や関連主体に対するインタビュー調査等を基にして，1)移管事業の住環境改善に及ぼす効果，2)移管事業の財政的効果の2点について検証したものである．各組織のパフォーマンスについては，住宅改善，家賃上昇，サービスの質，住民参加に関して，その達成度に高い評価がなされている．但し，事業の進捗状況によって多少の差が生じており，新規住宅建設については，約束事項の達成に時間的遅れが生じており，評価が3となっている（最高評価点は5）．

8) LSVT HA とは，LSVT に伴って新たに設立された HA を指している．
9) 「Inquiry into British Housing（イギリス住宅調査）」はジョゼフ・ロウンツリー財団がスポンサーとなり NFHA によって実施された．最初のレポートは 1985 年に出版され，第 2 回目のレポートが 1991 年に出版された．しかし，当時の保守党政府は本文中に示したような政策方針を持っていたため，こうした住宅調査に積極的でなく，結局ジョゼフ・ロウンツリー財団がイニシアティブをとることになった．
10) ニック・レインスフォードは 2000 年 12 月現在，下院議員で，住宅及び都市，建設大臣を務めている．(Ministry for Housing, Planning and Construction)
11) 表 6-1 および表 6-3 の事業数と表 6-4 の設立された LHC 数が異なるのは，1 事業で複数の LHC を設立したケースや別の事業ですでに設立された LHC に住宅ストックを移管したケース等が含まれるためである．
12) 調査実施時に入手した政府提供の ERCF 一覧では，ERCF を通じて設立された地域住宅会社は 15 であった．その後新しく更新された一覧には，プレストンでの移管事業において既存 HA（Collingwood HA）への移管から地域住宅会社への移管へ変更されていた．そのため，表 6-3 および表 6-4 では，新しい情報を基にして，ERCF によって設立された地域住宅会社数は 16 となっている．ちなみにプレストンでは，既存の HA が子会社として地域住宅会社を設立しており，移管された公営住宅の所有は HA が，その管理は地域住宅会社が行っている．
13) 自由記入欄に書かれた回答をもとにしている．
14) EU ファンドとは，構造基金など，欧州連合（European Union）による都市再生事業に関する一連の補助金を指している．
15) この傾向は地域住宅会社から送られてきたパンフレットに記された住宅管理に関連する内容を根拠としている．
16) 現在では，こうした地域住宅会社のパフォーマンスに対する評価は，自己評価のみならず，監査委員会コーポレーションからの外部評価も行われている．
17) 既存の HA は産業共済組合として設立されている．
18) そのうち 1 人は移管事業を行った自治体とは異なる別の自治体から採用された．
19) バーミンガム市は，1998 年の ERCF の後に，新たな公営住宅移管事業を計画した．それは，不動産資産を所有しない地域住宅会社を親会社として設立し，その子会社として新たに 11 の地域住宅会社を設立し，1 万戸ほどの全公営住宅ストックを移管させるというものであった．この計画によってバーミンガム市には，巨大な社会住宅供給会社グループが形成される予定であったが，2002 年 4 月，この計画は住民投票によって否決された．否決された原因には，移管計画が大規模で，1998 年の ERCF のように，計画策定時から住民と十分な協議を重ねてこなかったということや，公営住宅移管反対のロビー・グループが強力なキャンペーンを行ったからであるとの声が聞かれる．

ちなみに，移管計画が頓挫した後，その最中にアン・パワー氏を議長とする住

宅委員会（Housing Commission）が設置され，2004年12月には今後の公営住宅に対する政策方針に対する提言がなされた．提言の主たる内容は，35のコミュニティベースの住宅組織（Community-Based Housing Organisation：CBHO）を設立するというものであった．CBHOは，地方自治体の代表と居住者，およびCBHOに深く関係する第三者によって運営される自立性の高い組織であり，公営住宅管理および関連サービスの提供を行う．CBHOは，公営住宅の所有権の移譲を前提とするものではないとしつつも，住宅委員会その可能性を否定していない．現在，CBHOはバーミンガム市内2つの地域でCBHOが設立され，提案の実験的な運用が始まっているところである．

20) 団地アクション事業は1985年に導入された住宅団地改善事業のひとつである．
21) 当初の計画は，住民との協議を重ねていくなかで，要望や必要に応じて修正・変更が加えられている．

第7章 フォイヤーへの取り組み

　第5章で指摘したように HA は，1980年代後半から活動が多様化してきており，住宅供給・管理のみならず，雇用促進や地域経済対策，教育・訓練支援など，地域再生への取り組みが多く見られるようになった．
　こうした HA の活動の多様化の一環に，フォイヤー・プロジェクトへの取り組みがある．本章では HA の活動の多様化の実態を，このフォイヤーという若者を対象とした自立支援施設への取り組みを通じて見ていく．
　イギリスでは，若年層[1]の社会的排除が問題となっている．社会保障サービスを受給できる年齢に達していないということや，家族との関係の崩壊，教育の不十分さなどの問題から，少なからぬ若者が，就職やアフォーダブルな住宅，社会保障サービスなどへのアクセスを妨げられ，ホームレスへの転落を余儀なくされている．
　言うまでもなく，ホームレス問題は，単純に「住む場所がない」という住宅問題であるだけでなく，経済問題や社会問題でもある．この種の問題に対して，政府や非営利団体などにより様々な対策が講じられているが，その対策のひとつが，若者の自立を支援するフォイヤーと呼ばれるプロジェクト——若者に対する宿泊施設の提供と就業トレーニングなどの自立支援をひとつにしたプロジェクトである．イギリスでは1992年に導入されて以降，各地で着実にその数を増やしている．
　フォイヤーでは「自立」をテーマとして生活や教育，就職，住宅とあらゆる側面から包括的に若年ホームレスをサポートしている．したがって，そこでは，ホームレスを支援する非営利団体や YMCA/YWCA など，多様な組

織がプロジェクトの推進役となっている．そして，ここでこのプロジェクトに注目するのは，本書の主要な分析対象である HA もまた，本プロジェクトの開発，管理・運営の中核的な担い手となっているからである．

第1節　社会的排除の問題と若年ホームレス

イギリスでは経済不況や市場競争を促進する 80 年代サッチャリズム政策のあおりを受けて，ホームレス問題や高失業率，犯罪の増加といった問題が深刻化した．こうした一連の問題群は，90 年代に入り，社会的排除の問題と総称されるようになった．

図 7-1 は，ホームレス世帯数の推移を示している[2]．地方自治体は，1985 年住居法で定義されたホームレスの基準に適合する世帯をホームレスとして認定するが，その認定数は 1980 年，全国で約 7 万 6,000 世帯であった．しかし，その数は年々増加し，1991 年には 17 万 8,867 世帯に達した．その後，徐々に減少傾向にあるが，1999 年時点でも約 13 万世帯も存在しており，

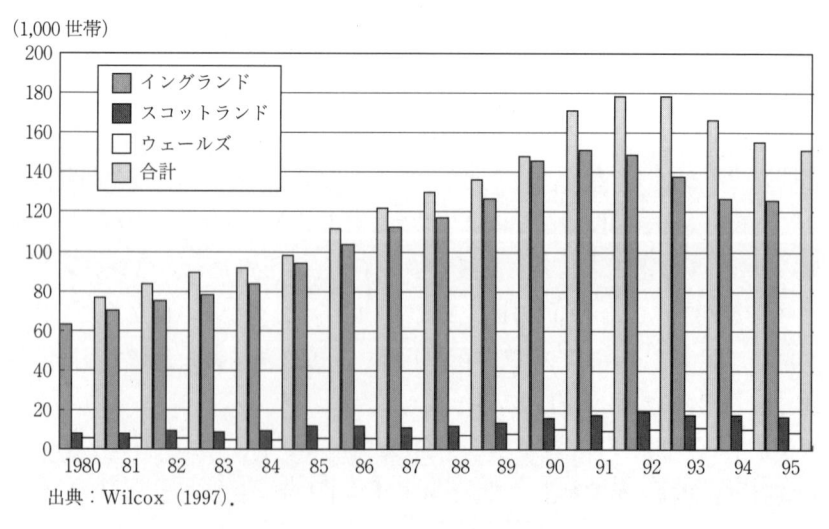

(1,000 世帯)

出典：Wilcox (1997)．

図 7-1　ホームレス認定世帯数

1980年当時の数と比較すると依然として高い水準で推移している．

イギリスでは，地方自治体はホームレスと認定した世帯に，恒久的な宿泊施設を保障する義務があることが，1977年住居法（Housing（Homeless Person）Act）で初めて明文化された．一時的な住居の提供にあたっては，自治体の施設や民間のB&B[3]，HAが供給するホステルなどを利用し，その宿泊費を自治体が助成するという対策がとられていた．しかし，地方自治体の財政難や公営住宅ストックの減少が，自治体のホームレス対策を困難にし，1980年代ホームレス世帯数は激増し，大きな社会問題となっていった．

ホームレス問題をはじめとする社会的排除の問題は，中高年のみならず，むしろ若年層において顕著である．事実，若者ホームレスの数は増加している．経済が景気後退の局面を迎えると，失業率の上昇が問題になるが，特に若年層の雇用に対するしわ寄せが大きくなる．教育の不十分さや職能の低さが主な原因となり，若者が職を見つけられなかったり，失業したりするケースが増えているのである．収入を得ることができなくなることが，若者を薬物使用やバンダリズム，犯罪へと走らせ，問題をエスカレートさせることも多い．

1991年の30歳未満のホームレス数は，男女ともに1972年のおよそ3倍になっている（表7-1）．こうした若年ホームレスの原因は，雇用の不安定さだけでなく，両親の離婚の増加に伴う家族関係の崩壊や虐待なども指摘され

表7-1 B&Bもしくはホステルに居住する男女別単身ホームレスの割合（％）

年　齢	1972		1991	
	男	女	男	女
30歳以下	11	24	39	67
30〜39	11	13	17	12
40〜49	21	14	14	6
50〜59	25	13	13	8
60歳以上	32	36	17	7
合計人数（人）	(1,821)	(172)	(959)	(291)

出典：Kemp（1997）．

ている．

　1987 年には，自分の判断で家を出た若者の約半数は，その理由を，親からの独立や就職であると言っていた．そして家を出ることを求められたり，口論の末，家を出たりするケースは 44% ほどであった．しかし，1993/94 年までに，自主的に家を出たケースは 14% に減り，逆に家を追い出されたケースは 86% にまで上昇した．この結果は，若年ホームレスの増加に対して，経済不況や雇用機会が減ったことだけが影響しているのではなく，いわゆる「家族の価値」の崩壊が影響していると言える．(Ward 1997, p. 61)

　また，若年層がホームレスに陥るのには，低年齢では収入補助や住宅給付といった社会保障の適応対象となりにくいことも影響している．1995 年には約 24 万 6,000 人の若年単身ホームレスがいると推定されている (Quilgars & Anderson 1995)．表 7-2 に見るように，ホームレスの多くは職に就いていないという状況が報告されており，職がないから住む場所を確保できない，また逆に住む場所がないから職が得られないといった悪循環を生み出している．若者の失業率は，中高年より 3 倍ほど高いといわれている (Training and Accommodation Network for Young People 1996)．

表 7-2　単身ホームレスの雇用状況　　(%)

	ホステルまたは B&B 居住者	路上生活者
有給の仕事に就いている	10	7
失業中，職を探している	43	47
失業中，職は探していない	13	25
慢性的疾病/障害者	13	14
退　職	10	3
その他	10	5
合計人数	(1,271)	(499)

出典：Kemp (1997)．

第2節　イギリスにおけるフォイヤーの発展

こうした若者の抱える社会的排除の問題を解決するため，1990年代には様々な対策が講じられた．そのひとつがフォイヤーである．フォイヤーとは，無職の若者に対し，アフォーダブルな宿泊施設と彼らが自立した生活を営むための支援サービスを供給する施設である．イギリスのフォイヤーの統括組織であるフォイヤー連盟は，フォイヤーの特徴を以下のように述べている (Foyer Federation 1997a)．

「以下，3つの条件を満たしているものをフォイヤーとする．
① 16〜25歳の不利な立場に陥っている若者で，ホームレスや住宅を必要としている者や自立を目指している者を支援している
② 若者のニーズに対して，少なからず宿舎と職業訓練，職探しの設備へのアクセスを提供する包括的なアプローチを採用している
③ 若者との関係は，正式契約を基盤とし，その契約は若者の生活状況の改善や自立へのステップのために，施設や地域コミュニティといった幅広いリソースの利用を保障している」

フォイヤーはもともとフランスで発展し，イギリスでは1992年に初めて開設された．きっかけは，1991年にホームレス支援組織であるシェルター[4]が，フォイヤー普及のために行ったキャンペーン活動である．フランスではイギリスよりも若年ホームレスが少ないが，シェルターはその原因が Foyer pour jeunes travailleurs (Foyer for young workers) の活動の貢献にあると考えた．そこで，シェルターはフォイヤーがイギリスの若年ホームレスを減少させるのに有効であるかを検証する目的で，試験的にフォイヤーを開設したのである (Quilgars & Anderson 1998)．

その後，Peabody Trust や London and Quadrant Housing Trust,

North British Housing Association (NBHA) といった大規模な HA, YMCA ネットワーク，その他の非営利団体などによってフォイヤー普及活動は拡大していった．これらの活動の結果，1992 年に政府とのパートナーシップが確立され，このパートナーシップによってフォイヤーのパイロット・プログラムが施行された（Ward 1997）．パイロット・プログラムは，1992 年から 94 年の 2 年間にわたり，既存の 5 つの YMCA をフォイヤーに転換するもの（5 件）と HA によって新たに設置するもの（2 件）の 2 つのタイプで実施された．この 7 つのプログラムは，現在，Nottingham YMCA Foyer (Nottingham)，Norwich YMCA Foyer (Norwich)，St Helens YMCA Foyer (St Helens)，Wimbledon YMCA Foyer (Wimbledon)，Romford YMCA Foyer (Romford)，Camberwell Foyer (Camberwell, London)，Salford Foyer (Salford) として活動している．

また，シェルターはトレーニング・サービスの供給組織である Grand Metropolitan Community Service (GMCS) とともに，1992 年，フォイヤー普及促進のための統括組織としてフォイヤー連盟（Foyer Federation）を設立した（Quilgars & Anderson 1995）．フォイヤー連盟は，その活動目的として以下の 10 項目を掲げている．

1) フォイヤーの国内ネットワークの発展を促進する
2) 開発者や管理者，支援者に対し助言や情報を提供する
3) フォイヤーの開発・管理手法の優良モデルを示し，その普及促進を図る
4) 中央・地方政府，民間，非営利セクターにフォイヤーの必要性を強調する
5) すべてのフォイヤー入居者に新しく，より良いサービスを提供するための手法を調査する
6) 若者のニーズに効果的に対応するために，フォイヤーの改革や多様化を促進する

7) サービスの向上を図るため，フォイヤー入居者に対して供給される宿泊施設やガイダンス，サポート，職業訓練などの枠組みを確立する
8) 若者の公正かつ公平なアクセスと機会を擁護する
9) 若者がフォイヤーの経験から得た成果によって，フォイヤーのパフォーマンスを評価する
10) ヨーロッパ諸国との関係を発展させる

　フォイヤー連盟は，上記の目的を達成するため，1) メンバーの活動状況の把握，2) 他のセクターとのパートナーシップの構築，3) フォイヤー普及/促進キャンペーン，4) フォイヤー運営に関するアドバイスやトレーニングの供給，5) ニュースレターなどの出版，6) 財源や社会的ステイタスを得るための政府に対するロビー活動などを日常的に行っている．
　2004年の時点で，全国で128のフォイヤーが活動を行っており，この他にも12のフォイヤーが開設準備中である（Foyer Federation 2004）．

第3節　フォイヤー・プロジェクト

　このようにいまだ増殖中のフォイヤーであるが，このフォイヤーの開発・運営にどれほどのHAが関与しているかを調査した．調査は，フォイヤー連盟の発行しているディレクトリー[5]（1998年）に記載されている78のフォイヤーに対し，調査票を送付して，その開発・運営主体を確認した．回収数は34，回収率は43.6％であった．また，郵便調査とは別に，フォイヤー連盟の発行するディレクトリーとニュースレターから，新たに21フォイヤーの開発，管理・運営主体を確認した（調査対象は全部で92フォイヤーである）．
　表7-3Aに示すように，郵便調査の結果，HAによってフォイヤーの開発と管理・運営がなされているケースは15件あり，回答を得た34のフォイヤーのうち約44％を占めた．YMCAによるものも，11件（32.4％）と多い．

注：フォイヤー連盟のホームページ http://www.foyer.net/ 上にあるディレクトリー（2004年10月3日時点）を参照して作成．本文中にある128のうち2つの所在が確認できなかったため，地図上には126のフォイヤーがプロットされている．

図7-2 フォイヤーの地域分布

この他，職業訓練サービスの供給組織やホームレス支援団体など，いくつかの団体が共同してフォイヤーの開発や管理・運営を行っている共同開発のケースが7件あった。HA は，この7つすべてのケースに関しても，その開発や管理・運営に参画していた。

郵便調査の結果のほかに，ディレクトリーとニュースレターから，HA が開発に携わっているケースを14件，共同開発に HA が参画していたケースを3件確認した（表7-3 B）。この2つの調査結果を合わせると，HA がフォイヤーの開発に関与していたのは，39 フォイヤー（①+③+⑤+⑦）となり，全フォイヤー（92）の 42.4% を占める。

また，フォイヤー・プロジェクトには，転用プログラム（Adapted Programme）と新規プログラムの2つがある。転用プログラムは，既存の施設をフォイヤーに転用したものであり，新規プログラムは新たに施設を設立したものである。1999 年のフォイヤー連盟のディレクトリーによると，転用プログラムによって開設されたフォイヤーは 27 あり，新規プログラムのフォイヤーは 44 あった。転用プログラムで計画されたフォイヤーでは，

表7-3　フォイヤーの開発・管理主体

A）郵便調査

	開発・管理主体	フォイヤー数
①	HA による開発と管理・運営	15(44.1%)
②	YMCA による開発と管理・運営	11(32.4%)
③	共同開発	7(20.6%)
④	非営利団体による開発と管理・運営	1(3%)
	合　計	34

B）ディレクトリー等による確認

	開発・管理主体	フォイヤー数
⑤	HA による開発（管理）	14
⑥	YMCA による開発（管理）	3
⑦	共同開発	3
⑧	非営利団体による開発（管理）	1
	合　計	21

注：ここでの主体とは開発・管理の中心となってプロジェクトを行った組織を指す。
　　ディレクトリーに記載された情報は，すべてのフォイヤーの開発・運営主体について記載されていなかった。したがって，92 のフォイヤーのうち郵送調査で回答のあった 34 のフォイヤーを除いた 58 のフォイヤーについて確認をしたところ，21 のフォイヤーに関する記載内容に開発・運営主体を判断できる情報が含まれていた。
　　ディレクトリー調査では，HA と YMCA によるフォイヤー開発が行われていることは明らかになったが，その後の管理が継続して行われるかは不明である。

表7-4 プロジェクトのタイプ

開発のタイプ	フォイヤー数
転用プログラム	27
新規プログラム	44
不明	11
合計	82

注:Foyer Federation (1999) から作成.

YMCAやホームレス支援団体によって管理・運営されているものが多く,HAは,新規プログラムを行うケースが多いことが明らかとなった.

YMCAは,フォイヤーの開発・運営に当たって,若者への一時宿泊所やレジャー施設の提供を行ってきた経験があることと,既存の若年層を対象とする支援プログラムに利用していた施設をフォイヤーに転用することにより開発コストを押さえることができるという2つの利点を持っている.これがYMCAの積極的なフォイヤー開発を促しているといえよう.

では,次に,フォイヤーの開発や管理・運営に携わっているHAに着目してみよう.フォイヤーに携わっているHAは,1万戸以上を所有する大規模のHAが多い(表7-5).大規模HAは,民間融資を受けやすく,活動実績から社会的な信頼も高い.さらには多数のスタッフを雇用している場合が多く,活動を幅広く展開するだけのキャパシティが高いと言える.HAにとってフォイヤーは新しい試みであり,フォイヤー設立のための補助金制度がないことや,複合的サービスの体系的な供給に不慣れであること,経営リスクが大きいことなどから,フォイヤーを開発,管理・運営する主体は,活動を展開できる技術的・財政的なキャパシティが必要とされるのである.

表7-5 フォイヤー・プロジェクトに携わっているHA数(規模別)

所有住宅数(戸)	HA数
1,000以下	4
1,000〜2,999	4
3,000〜5,999	6
6,000〜9,999	4
10,000以上	9
合計	27

注:HAが開発・管理主体であると判明した39のフォイヤーのうち,ハウジング・コーポレーションのディレクトリーに所有住宅戸数を掲載していた27のHAを対象とした.
調査結果とHousing Corporation (1998c) から作成.

HAやYMCAが単独でフォイヤー・プロジェクトを行っている場合でも,開発資金の工面のため民間企業から寄付を受けたり,サービスの供給に際して地域

のカレッジや他の非営利団体の協力を受けたりしている．フォイヤーは，職業訓練や教育的活動と宿泊施設の提供という複合的なサービス供給施設なので，その開発や管理・運営には，地方自治体や教育機関，住宅組織などとのパートナーシップが欠かせない．HA の場合，建設資金工面のため，コーポレーションや民間企業との提携を図ったり，職業訓練サービスを供給するため，職業訓練および起業対策協議会（Training & Enterprise Council : TEC）や地域のカレッジとのパートナーシップを形成したりしている．

　共同で開発や管理・運営が行われているフォイヤーには，いくつかのタイプが見られる．開発・管理主体が明らかとなっている郵便調査（表 7-3 A）の結果を分析すると，① HA 同士，② HA と YMCA，③ HA とケアや職業訓練サービスの供給を行っている非営利団体，④ HA とホームレス支援団体の 4 つのタイプが存在する．YMCA や非営利団体と HA の共同（②，③，④）では，HA はフォイヤーの宿泊施設や建物を建設し，その所有者として協力しているケースが多く見られ，HA 同士の場合（①）では，所有ストック数の多い HA が開発を担い，少ない HA が管理を担うという役割分担がなされていた．HA は伝統的に住宅供給・管理を中心に活動してきたため，若者へのトレーニングや就職斡旋など宿泊以外のサービスを提供する非営利団体やフォイヤーと類似した活動を行ってきた YMCA とのパートナーシップによって，管理・運営上のリスクを補完しているのである．

第 4 節　フォイヤーの運営実態

　運営実態について，文献調査及び前出の調査票調査，現地ヒアリング調査の結果をもとに分析した．文献資料は主として 1998 年，99 年，2000 年のディレクトリーとフォイヤー連盟が発行しているニュースレターなどである．現地ヒアリング調査は 1998 年 9 月と 12 月に実施した．対象はハウジング・コーポレーションとフォイヤー連盟，バーミンガム市内の 3 つのフォイヤー（フォーカス・フォイヤー，エドモント・コート・フォイヤー，ラベンハー

スト・コテッジ）である[6].

(1) 設立状況

　前述のように，2004年の時点で，イギリスでは128のフォイヤーが運営されており，12が開設準備中である（前掲図7-2）．1992年に施行されたパイロット・プログラムでは，YMCAを転換した5つのプロジェクトのうち，4つは1992年中にオープンしている．一方，HAが中心となった2つの新規プログラムは，カンバーウェル（Camberwell）が1994年，ソルフォード（Salford）が1996年にオープンし，プログラム開始から2年ないし4年の時間を要している．YMCA転換型のプログラムの方が，建物を新たに建設する時間がかからないことやこれまでの若者支援のノウハウの蓄積があるため，短期間でオープンにこぎつけることが可能となっている．逆に，HAによる新規プログラムはYMCA転換型よりかなり長い時間を要している．

　また，フォイヤーの地域分布は，1998年ごろにはロンドンを含め，ブリテン島東部から南東部にかけて集中していたが，2004年にはイングランド全域に広く分布している（前掲図7-2）[7]．特に，ロンドンと西ミッドランドへの集中は著しい．その他の地域でも，都市部に集中が見られる．政府が発表している地域の荒廃度を示す指標（Index of Local Deprivation：ILD）から判断すると，都市部は地方（Rural Area）よりも失業率が高く，地域の荒廃度が高い傾向がある（DETR 1998c）．またホームレス世帯も多い．特に，ロンドンと西ミッドランド，北西部ではホームレス世帯数が多い（表7-6）．フォイヤーも，ロンドン，バーミンガム（西ミッドランド），リバプール（北西部），マンチェスター（北西部）と大都市部に多く見られ，ホームレス問題の深刻な地域に集中していることが分かる．

　しかし，フォイヤーの必要性は都市部だけでなく，地方圏（Rural area）でも高まっている．これは，地方圏には職が少ない上，若年層にアフォーダブルな住宅が少なく，若者の流出が著しくなっているためである．ブレア政権下でフォイヤーの設立が奨励されたことから，2004年には地方圏でも多

表7-6 地域別ホームレス世帯数（1996年）

地　　域	世帯数(全世帯数当たりの割合%)
ロンドン	26,440　(0.88)
西ミッドランド	17,150　(0.80)
南東部	13,940　(0.43)
北西部	16,330　(0.58)
南西部	9,830　(0.49)
ヨークシャー＆ハンバーサイド	9,440　(0.45)
東ミッドランド	8,970　(0.53)
東　部	8,830　(0.41)
北東部	5,940　(0.55)
イングランド内	11,6870　(0.58)

注：1) 世帯数は1996年に推測されたもの．
　　2) Wilcox (1997) と The Stationary Office (1998) から作成．

くのフォイヤーが見られる．

(2) 施設規模

フォイヤーの規模をベッド数から判断すると，20～50床規模のものが最も多い（図7-3）．ラベンハースト・コテッジでのインタビューでは，30床規模は，入居者がコミュニティを形成しやすいという意見が得られた．フォイヤー・プロジェクトには，YMCAや若年ホームレスを対象とした非営利団体の施設など，既存の施設を転用するプログラムと新規に計画されるプログラムの2つのタイプがあるが，そのタイプ別にフォイヤーの規模を見ると，新規プロジェクトでは，100床以上のものは少なく，20～50床規模のものが多い．一方，転用プロジェクトは，21～30床規模のものが最も多いが，10床以下から150床以上のものまであり，その規模は多様である．

(3) 家　　賃

家賃に関しては，ディレクトリーに家賃が記載されている56のフォイヤーを対象として調査した．56フォイヤーの最低家賃の平均は，週69.44ポンドであった．ただし，これには，家賃に食事代を含んでいるフォイヤーの賃

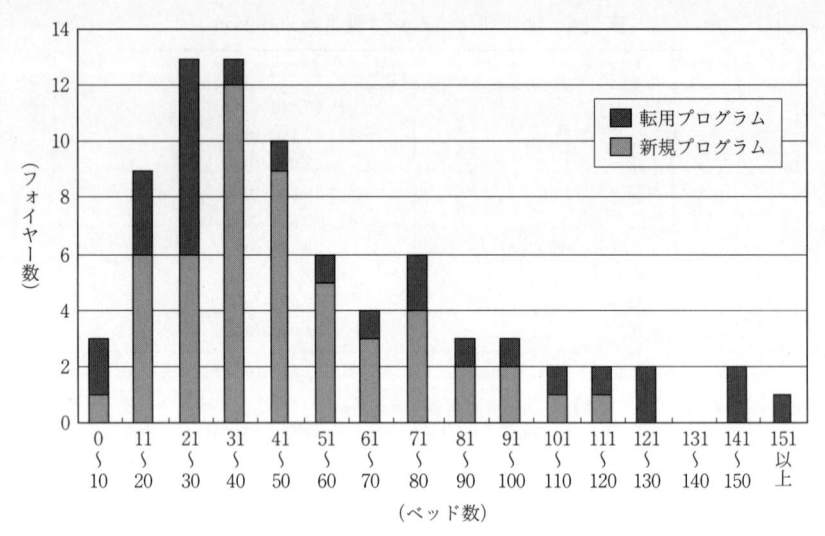

注：Foyer Federation（1999）から作成．

図 7-3　プロジェクトタイプ別ベッド数

貸も含まれているため，割高となっている．食事付きのフォイヤーは56のうち9つあり，その最低家賃の平均は週127.3ポンドで，食事のつかないフォイヤーの平均が週58.64ポンドであった．フォイヤーの全国平均家賃を，HAと民間の供給する簡易宿泊所の家賃と比較すると，フォイヤーの家賃が

表 7-7　フォイヤーの家賃とその他の宿泊施設の家賃比較

	施設タイプ	週家賃
全国平均 ロンドン平均	フォイヤー	£58.64 £68.55*
全国平均	HAの簡易宿泊所（Bedsit） 民間の簡易宿泊所（Bedsit）	£43.33 £51.06
ロンドン平均	HAの簡易宿泊所（Bedsit） 民間の簡易宿泊所（Bedsit）	£49.34 £71.08

注：1）　＊はロンドンにあるフォイヤーのうち，家賃記載のあった6つのフォイヤーの平均家賃．
　　2）　Wilcox（1997），Foyer Federation（1999）より作成．

どちらの家賃よりもかなり高いことが分かる（表7-7）．また，ロンドンでの平均家賃で見ると，フォイヤーの家賃は民間の簡易宿泊所（Bedsit）とさほど変わらないものとなっている．

(4) 入居者の特性

ここでは，フォーカス・フォイヤーの事例を紹介する．この項目については，全国的なデータが入手できなかったため，インタビュー調査対象のうち，唯一入居者の詳細を把握していたフォーカス・フォイヤーのデータを用いる．

フォーカス・フォイヤーはベッド数80の比較的大きなフォイヤーである．1998年12月の時点で，入居者は77人で内訳は男性46人（60％），女性31人（40％）となっている．人種の割合も，イギリス/ヨーロッパ人とその他の人種（カリブ，アジア，混血，アイリッシュ）という比較で見ると，6対4の割合である．また，入居者の年齢も偏りがない（表7-8，7-9）．経済状況は，失業者が最も多く，それに対応して，週当たりの収入もかなり低くなっている（表7-10，7-11）．

次に入居者のフォイヤー入居前の住宅に着目してみよう．最も多いのは家族や友人との同居である．これは，ホームレスになる原因として家族関係の崩壊が増加していることと符合する事実である．フォイヤーの職員へのインタビューでは，フォイヤーに入居してくる若者は精神的にも肉体的にも傷ついている者が多く，安心して生活できる場や精神的に安らげる場を求めている

表7-8　入居者年齢

年齢	人数（％）
16～17	17(22.1)
18～20	33(42.9)
21～25	27(35.1)
合計	77

注：表7-8～11はフォーカスHAの統計資料から作成．

表7-9　入居者の人種

人種	人数（％）
イギリス/ヨーロッパ人	38 (60.3)
カリブ人	14 (22.2)
アジア人	5 (7.9)
混血	3 (4.8)
アイルランド人	1 (1.6)
回答拒否	2 (3.2)
合計	63

表7-10 入居者の収入(週)

収入	人数
£ 39.99 以下	49 (72.1)
£ 40～ 59.99	5 (7.4)
£ 60～ 79.99	7 (10.3)
£ 80～ 99.99	1 (1.5)
£100～119.99	1 (1.5)
£120～139.99	2 (2.9)
£140～159.99	3 (4.4)
合　計	68

表7-11 入居者の経済状況

経済状況	人数 (%)
フルタイム雇用	6 (8.7)
パートタイム雇用	6 (8.7)
失業者	46 (66.7)
フルタイム学生	3 (4.3)
長期療養者/障害者	3 (4.3)
その他	5 (7.2)
合　計	69

という意見が多く聞かれた．フォイヤーは，雇用や教育，住宅を提供する場であると同時に，若者が人間的な社会生活が営めるように，もしくは社会復帰ができるように，精神的カウンセリングや医療サービスへのアクセスを提供することが求められている．

また，ホステルなどから入居してくるケースも34%と多い（表7-12）．ホステスからの入居者の一部はホームレスとして認定されている可能性を持っているが，実際入居前にホームレス認定を受けていたケースはわずかである（表7-13）．これは，フォイヤーが基本的に路上生活者など緊急性のホームレスを受け入れていないためである．フォイヤーは単なる若年ホームレスの緊急避難所としてではなく，若者の雇用や自立を支援するより高度な機能を備えた施設として運営されている．そのために，入居に際しては，いくつ

表7-12 入居前の住宅（1998/4～9）

	人数	(%)
公営住宅	1	1.4
HAの住宅	5	7.2
民間賃貸住宅	3	4.3
家族・友人との同居	32	46.4
ホステル	24	34.8
その他	4	5.8
合　計	69	100

表7-13 全入居者に占めるホームレスの人数と割合

	人数	(%)
非ホームレス	55	78.6
認定ホームレス	4	5.7
非認定ホームレス	11	15.7
合　計	70	100

注：表7-12，7-13はフォーカスHAの統計資料から作成．

かの基準が設けてあり，入居者はトレーニングを受けることや自立を目指すことなどを要求される．路上生活者などは一旦ホステルなどホームレスを収容する宿舎へ入居させ，そのなかで自立の意思があり，かつフォイヤーの方針に同意する若者にのみ入居が許可される仕組みとなっている．

(5) 活動内容

フォイヤーの提供するサービスは，表7-14に示すように，一時宿泊施設供給や職業訓練など5つに分類できる．

これら一連の活動を俯瞰すると，フォイヤーの活動として注目すべき点を5つ指摘できる．第1は，宿泊の契約期間が1～2年と短期である点である．これは職業訓練や基本的な生活技能を習得する期間の滞在が目安となっているためである．インタビューを行ったフォイヤーでは，契約期間が切れた場合，比較的柔軟性のある対応を行っていた．入居者の自立度や技術等の習得度，トレーニング・プログラムの受講スケジュール，退去後の住宅の確保の有無など総合的な判断をして延長を許可することもあるという．しかし，フォイヤーへの入居希望やトレーニング受講希望は多く，柔軟な対応が難しく

表7-14 フォイヤーの提供するサービス

サービス分類	サービス内容		
一時宿泊施設供給	1～2年間の宿泊施設の提供，単身者用や家族用，車椅子対応の部屋や2人部屋などタイプは様々		
職業斡旋サービス進学情報の提供	就職相談，就職先の紹介，面接への同行，就職のための準備支援，進路相談など		
子育て支援サービス	託児所での保育サービス，母親教室など		
職業訓練	就職準備・トレーニング	面接練習，電話の対応，履歴書の書き方，コミュニケーションの練習，手紙の書き方講習	
	職業基礎・トレーニング	ワープロ技能訓練，コンピューターの利用	
教育的活動	生活技能・トレーニング基礎学習	料理講習，生活習慣の体得，財産管理の学習 コミュニケーション訓練（英語学習），基礎的な数学や語学（外国語）などの学習，進路相談	
	レクリエーション	スポーツ，音楽，クリスマスパーティ，ボランティア活動など	

注：各フォイヤーから送付されてきたパンフレット類から作成．

なっているのが現状である．

第2に，入居者のニーズを反映するシステムが存在している点である．トレーニングは入居者個人の進路や能力，希望に応じて，アクション・プランと呼ばれるトレーニング・プログラムが組まれる．また，入居者からの要望に応じて，新たなコースが設けられたり，受講希望者の多いコースは週に数回開講したりするなど，柔軟な対応も見られる．フォーカス・フォイヤーの例では，入居者自治会の結成やフォイヤーの運営方針を決定する管理委員会への入居者代表の参画などが奨励されており，入居者ニーズを反映する仕組みが整いつつある．

第3には，サービスの一環として教育的活動が組み込まれている点である．入居者は，早くに親元を離れ，基本的な生活習慣が身についていないことも多く，この点の対策が入居者にとって自立を目指す上で必要となっている．ラベンハースト・コテッジでは，入居者がトレーニングによって職を得ることだけでなく，朝起床して身支度をすることや部屋の整理整頓をすること，食事をすることなど，基本的な生活習慣についての教育が入居者の自立に大きな成果をあげていると評価している．

第4は，入居者間のコミュニティの形成に配慮している点である．インタビューをした3つのフォイヤーでは，施設を1つのコミュニティとして捉え，入居者のソーシャル・ミックスを図り，トレーニング・プログラムやイベントを通じて，入居者間の交流を図っている．

第5の特徴は，シングル・マザーや子供連れ世帯への対応である．これは，すべてのフォイヤーで行われているわけではないが，フォイヤー内に託児所を設け，母親（父親）がトレーニング等を受けている間，子供の世話をしたり，育児相談を受けたりしている．イギリスでは10代女性の妊娠率が高く，このような問題もフォイヤーの活動に影響を与えていると言える．

フォイヤーの活動の効果をはかる指標として，フォイヤー入居者の退所後の経済活動や進学状況が考えられるが，入居者を追跡調査することは難しく，その状況は明らかでない．Training and Accommodation Network for

Young People (1996) の調査によると，16 のフォイヤーの入居者のうち，55% が退所時に職を得ており，そのうち約 70% がフルタイム雇用で，残りがパートタイムや一時的な職であることが明らかとなっている．しかし，職を得ることだけがフォイヤーの目的ではないので，就職率だけでその成果をはかることはできない．また，著者が調査を行った 3 つのフォイヤーのスタッフによると，入居者が退所後に再び失業したり，ホームレスになったりしているケースもあるらしく，3 つのフォイヤーで共同して，退所後の動向について追跡調査を行う準備が行われていた．

(6) 財政システム

フォイヤーの開発コストや運営コストを賄うことを目的とした財政補助システムは確立されていない．フォイヤーを新規計画するためには，建設費や運営費などを賄うため，様々なところから融資や補助をひきつけてこなくてはならない．図 7-4 にフォイヤーの建設コストと管理・運営コストの財源の概要を示す．

フォイヤーの開発には多額の費用を要する．よって，社会住宅補助金 (Social Housing Grant：SHG)[8] だけでなく，民間セクターからの寄付金や，EU ファンド，SRB などの都市再生事業に対する補助金の一部を利用して賄われている．しかしすべてのフォイヤーがこれらの補助を，確実に獲得できるわけではない．SRB などの都市再生事業は，ある地域に限定して支給されているため，事業が行われている地域でフォイヤーを建設する場合にのみしか利用できない．ただ，これまでのところフォイヤーが開設される地域には，なんらかの都市再生事業が実施されている場合が多く，フォイヤーの多くがこの補助金を利用している．

具体的にフォーカス・フォイヤーの建設資金を見てみよう．建設事業費は約 400 万ポンドである．その約半分はフォーカス・グループの独自の財源によって賄っている．残りは表 7-15 に示すように，主としてコーポレーションからの補助金や都市再生事業であるシティ・チャレンジからの補助金で賄

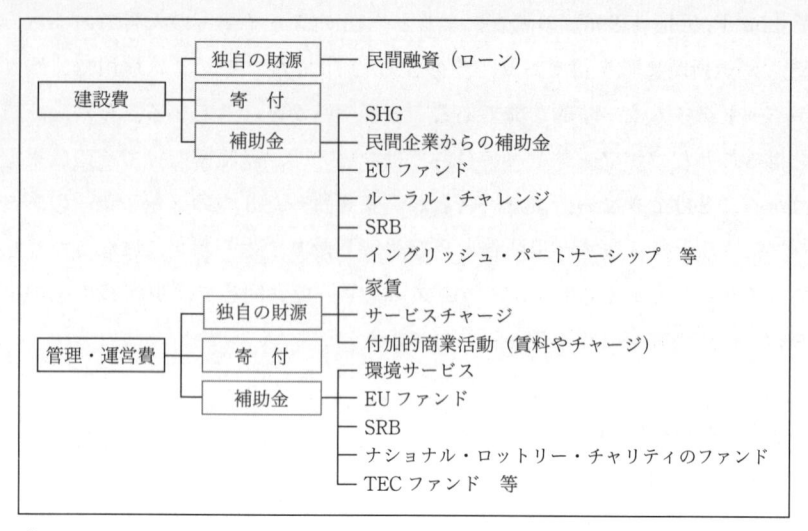

```
建設費 ─┬─ 独自の財源 ── 民間融資（ローン）
        ├─ 寄　付 ─────┬─ SHG
        └─ 補助金 ─────┼─ 民間企業からの補助金
                        ├─ EU ファンド
                        ├─ ルーラル・チャレンジ
                        ├─ SRB
                        └─ イングリッシュ・パートナーシップ 等

管理・運営費 ─┬─ 独自の財源 ──┬─ 家賃
              │                ├─ サービスチャージ
              │                └─ 付加的商業活動（賃料やチャージ）
              ├─ 寄　付 ───── 環境サービス
              └─ 補助金 ─────┬─ EU ファンド
                              ├─ SRB
                              ├─ ナショナル・ロットリー・チャリティのファンド
                              └─ TEC ファンド 等
```

注：Foyer Federation (1997a), Foyer Federation (1997b) から作成．

図 7-4　フォイヤーの建設と管理・運営費に対する財源

われている．特に，SHG は，フォイヤー建設費の約 35% を占めており，HA によるフォイヤーの開発に不可欠であると言っても過言ではないだろう．

フォイヤーの開発は，これまでの単純な住宅供給とは異なり，住宅以外のサービス供給を実施していること，そして対象が支払能力の低い若者であることなど，開発・経営主体にとって大きなリスクを伴う．したがってフォイヤーの開発は民間資本だけでは困難な側面が大きく，一定の公的補助は不可

表 7-15　フォーカス・フォイヤー建設資金源

資　金　源	金　　額
コーポレーションからの補助金（SHG）	1,327,135
シティ・チャレンジ事業の補助金	525,000
ブリティッシュ・テレコムからの寄付金	100,000
H & R ジョンソンからの現物支給	2,000
Wragge & Co.慈善トラストからの寄付	250
合　　計	1,954,385

出典：フォーカス HA 提供の内部資料 Business Plan for the Focus Foyer から作成．

欠であるといえる[9]．

一方，運営資金について見てみよう．支出では人件費，収入では家賃が，最も高い割合を占めている．フォイヤーの管理・運営費の大半は家賃で賄われる．しかし，職のない若者は家賃を支払うだけの所得がないため，彼らの生活保護費や住宅給付の一部が家賃として収集される．入居者のほとんどがこれら社会福祉手当に依存しているのが実態である．また，EUファンドや

表7-16　フォーカス・フォイヤー年間歳入・歳出計画

(ポンド)

	1998/99年	1999/00年
歳　　入		
家賃収入	270,400	281,216
空家による損失 (7%)	18,928	19,685
家賃収入小計	251,472	261,531
その他の収入	6,150	12,300
歳入合計	257,622	273,831
歳　　出		
人件費	101,261	104,299
一般経費	10,329	10,639
雑費	4,000	2,000
小　　計	115,590	116,938
入居者の電話代	300	309
水道費・光熱費	36,000	37,080
リースチャージ	2,800	2,885
建物保険・税・法的コスト	25,000	20,450
文具類	5,000	5,150
清掃等の契約費・ごみ収集費	14,000	14,420
維持・修繕費	13,000	29,378
衛生・安全費・火災防止費用	3,000	3,060
価値下落	19,550	19,550
小　　計	118,650	132,282
歳出合計	234,240	249,220
余　　剰	23,382	246,11

出典：フォーカスHA提供の内部資料 Business Plan for the Focus Foyer から作成．

SRBなど，都市再生事業からの補助金も重要な財源となっている．しかし，都市再生事業などからの補助金の場合，交付される期間が終了した後，どのように管理・運営費を捻出するが大きな課題となる．

　実際，フォーカス・フォイヤーでは，表7-16に示すように年間23～24万ポンドの運営資金を持ち，そこから余剰金が捻出できると見込まれているが，ローン返済を考慮すると，フォイヤーの運営は財政的に苦しい状況にある．地方自治体からの歳入補助が見込めないことや，低家賃に抑える必要があることから，歳出の引き締めや新たに歳入を増やす手段が必要となっている．

　また，フォーカス・フォイヤーでは，EUファンドの1つであるヨーロッパ社会基金（European Social Fund）からの補助金を受けており，これが終了した後どのように管理・運営費を捻出するかが大きな課題となっている．現在，人件費の削減や慈善信託基金への補助金の申請，さらにはフォイヤー内でのレストラン経営といった商業的活動などが財政対策として検討されている[10]．フォイヤーの安定した活動を維持するために，より安定した財政基盤の確立が模索されている．

第5節　フォーカス・フォイヤーの活動

　フォイヤーの運営実態を分析した前節においても，すでにフォーカス・フォイヤーの実体をしばしば事例として引用したが，本節では特に活動内容をさらに具体的に解明するため，改めてフォーカス・フォイヤーという1つのフォイヤーに焦点を当て，その展開を辿ってみることにしよう．

(1)　フォイヤー開設までの道程

　バーミンガム市を活動エリアとするフォーカス・フォイヤーは，1998年5月にフォーカスHAによって開設された．しかし，フォーカス・フォイヤーはもともとフォーカスHAによって独自に構想されたプロジェクトではなく，シェルターとコーポレーションが主催したフォイヤーのデザインコン

ぺで勝利を得たシェイプ・グループ (Shape Group) のプロジェクトであった．

シェイプ・グループは，シェイプ HA と，シェイプ都市再生エンタープライズ (Shape Urban Renewal Enterprises Limited : SURE) と People for Action という2つの子会社で構成されていた．シェイプ・グループは，住宅供給と雇用促進対策を組み合わせることが地域再生に最大の効果をもたらすという"Housing and More"という理念を持っており，シェイプ HA を通じて住宅供給を，SURE や People for Action を通じて，雇用促進のための職業訓練の供給や地元自治会の活動支援など地域再生の取り組みを積極的に行っていた．しかし，多くの分野に活動を拡大しすぎたことが影響して財政が悪化し，シェイプ・グループはバーミンガム市内で最大規模のフォーカス・グループ[11]に吸収・合併されることになった．こうして，シェイプ・グループによるフォイヤー・プロジェクトはフォーカス HA へと引き継がれたのである．

プロジェクトがフォーカス HA に引き継がれた後，フォーカス HA はホームレス支援団体 Birmingham Standing Conference for the Single Homeless (BCSH) とともに，バーミンガム市の単身ホームレスの実態を研究するグループを形成し，1993年フォイヤー・プロジェクトの実現可能性について調査を行った．調査の内容は，1)バーミンガム市内の単身者に対する現行の住宅供給状況調査，2)フォイヤー・モデルの追究，3)単身者向けの住宅供給戦略とフォイヤー・プロジェクトの適合性の評価，4)フォイヤー建設予定地における再開発の可能性の検討，の4点であった．調査の結果，バーミンガム市内における若年層の住宅ニーズが高いこと，フォイヤー建設予定地は市の中心部に位置し，レストランやトレーニング施設を備えた宿泊施設を建設するのに利便性や採算性の点からも合理的であることが明らかとなり，フォイヤー・プロジェクトの実行が決定された．

フォーカス・フォイヤーは，バーミンガム市の中心部に位置する（図7-6）．徒歩5分で市内の主要な商業地やビジネス街へアクセスでき，郊外から

も公共交通機関が中心部に乗り入れているため，交通の利便性は非常に高い．また，図書館やレジャー施設，大学なども徒歩圏内にある．こうした利便性の高い周辺環境はフォイヤーの立地に適していた．その理由は第1に，商業地やビジネス街が近いことで，若者にとって雇用機会や職業訓練を受ける機会や選択肢が増加するからである．フォイヤーは，民間企業からの協力を得て，若者にこうした機会を多く提供することができる．第2に，利用できる公共施設の数が多いからである．フォイヤー内に設置できる設備は限られているため，フォイヤーの周辺に学校や図書館などの施設があることで，フォイヤーで対応できない部分をカバーすることができる．第3に，都市の中心部に位置することは，若者の関心をひきつけることに有効である．

　要するに，フォイヤーは若者にとって単なる就業機会提供の場であるだけ

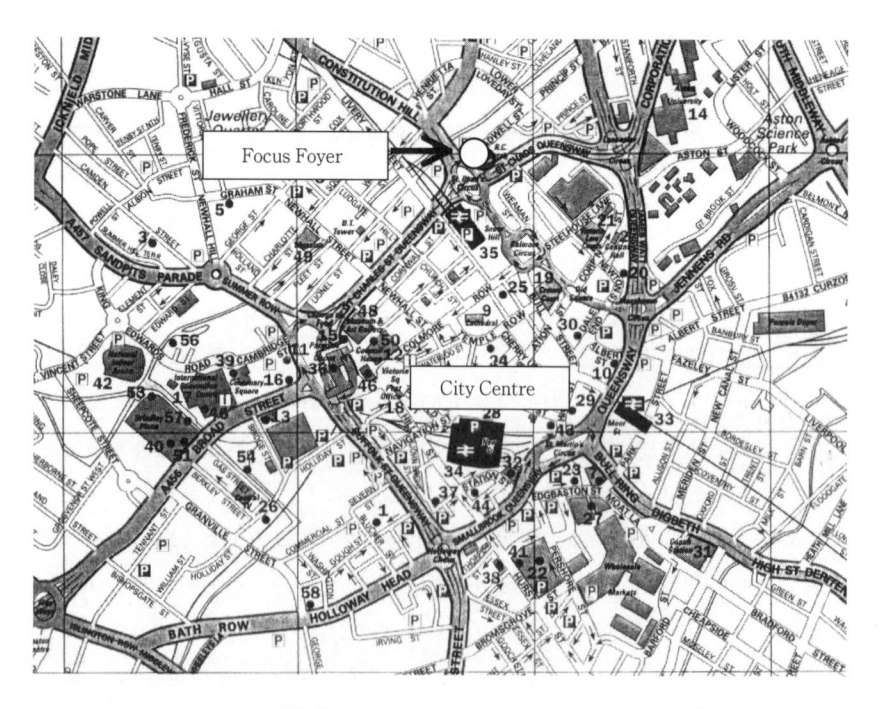

図7-6　フォイヤーのロケーション

写真7-1 フォーカス・フォイヤー外観

ではなく，社会生活のための基本的な知識を得たり，人間関係を構築したりする場でもあり，多様な若者のニーズを満たすことのできる魅力あるサービスを提供するためにも，こうしたロケーションや周辺環境がプロジェクト発進の決め手となった．

　フォイヤーの建物内部は，1階に受付や会議室，コンピューター・ルーム，情報資料室，トレーニング・ルームなどの共用スペースとスタッフ・ルーム

写真7-2 コンピューター・ルーム

写真 7-3　共同利用の台所とテレビ・ラウンジ

写真 7-4　個室

が配置されている．2階から上は入居者の生活スペースになっており，トイレと洗面所，シャワーを完備した個室が80部屋ある．個室の大きさは，16m^{2}ほどで，大学の学生寮ほどの大きさである．80部屋のうち8部屋は車椅子使用者向けに設計されている．また，各部屋には勉強机やベッド，冷蔵庫，ワードローブなど最低限の生活に必要な家具類はそろっている．各階には，共同利用の台所とテレビ・ラウンジがあり，入居者のコミュニケーションの場として利用されている．生活に必要な最低限のものは取り揃えてあり，入居者が入居後すぐに生活できるように配慮されている．

(2) 若者の自立をめざして

フォーカス・フォイヤーの提供するサービスは宿泊施設，トレーニング，就業・進学の斡旋に大別できる．フォーカス・フォイヤーでは，希望すれば誰でも入居が可能なオープン・アクセスを採用せず，面接を実施して入居の是非を決定する．フォーカス・フォイヤーでは，18～25歳までの単身者であること，薬物使用者でないこと，自立した生活ができること（重度の精神もしくは重度の身体障害者は入居不可能），アルコール中毒でないことが入居の必要条件となっている．

入居希望者はトレーニングや就職斡旋のサービスを受ける必要があるが，面接では，提供されるサービスを積極的に受け，自立に向けての努力する意思があるか，社会生活上の支援が必要であるか，といった点が審査される．目的意識がはっきりしていない場合や集団生活の規律を乱す可能性が高い場合，住宅のみを得るために入居を希望する場合，またフォイヤーとは別のサービスを受けるほうが適切であると判断された場合には，フォイヤーへの入居ではなく別の福祉サービスが推薦される．

面接によって適格と判定されると，フォイヤー入居の待機者リストに登録される．フォイヤーに空室があればすぐに入居できるが，数カ月待たなくてはならないことも少なくない．フォイヤーの入居者については，人種や年齢，性別など入居者の構成も考慮しながら決定される．

入居後は，プロジェクト・ワーカーと呼ばれるスタッフが，入居者とともにフォイヤーでのアクション・プランを作成し，それに沿った活動を行っていく．プランは個人の目的や希望，適性に応じて作成され，入居者がフォイヤーに滞在する12～18カ月の間に，基本的な生活技術や就職に必要な資格の習得と就職・教育へのアクセスを支援する内容になっている．プランは必ずしも固定的なものではなく，必要に応じて見直しや修正が行われる．

フォーカス・フォイヤーが提供するトレーニングの内容は，大別すると1)生活技能，2)基礎的学習，3)コンピューター，4)レジャー・スポーツ，5)就業・進学から構成される．

このうち，生活技能トレーニングでは，主として基礎的な栄養学，調理実習，基本的生活習慣の習得などが行われる．また，国語や算数といった基礎的学習能力が低い若者も多く，自立に必要な生活能力を向上させるためのトレーニングが必要不可欠となっている．

　就業・進学のためのトレーニングでは，毎週1回就職セミナーが開催され，ガイダンスや就職アドバイスの提供とともに，履歴書の書き方や面接の受け方，手紙の出し方，電話の応対など，職を得るためのマナーやノウハウが提供される．また，企業で働きながら技術を習得するトレーニング・プログラムなどの情報提供も行われている．こうしたトレーニング・プログラムは，フォイヤーの入居者以外でも，面接審査で認定されれば無料で受講することが可能である．

　就職・進学の斡旋については，基本的に情報提供とコンサルテーションが中心である．情報資料室は常に開放されており，様々な資料を閲覧することができる．フォイヤー入居者の生活を支援するために，若者が受けることができる収入補助や住宅給付といった社会保障制度についてアドバイスしたり，就職が決定した際の自立準備のサポートを行ったりしている．

　フォーカス・フォイヤーは，こうした活動を通じて，最終的に若者が基本的生活技能や職，進学の機会を得て，社会的・経済的な安定を得ることを目標としている．若者の社会的・経済的な安定は，間接的には家賃収入の安定や「社会住宅」セクター残余化の問題を解消することにつながるため，フォーカス・フォイヤーやフォーカス・グループにとっても有益なのである．また，広くは社会にとって，社会保障費の増大といったより大きな問題を解消することが期待されている．

(3) フォイヤーの運営

　フォイヤーの運営については，最高意思決定機関としての運営委員会（Management Committee）がその方針や決定に責任を持つ．運営委員会は，元シェイプの代表，フォーカス・グループの代表が2人，バーミンガム市役

所の代表，BCSH の代表，地域の代表が各1人，入居者代表3人の計9人で構成される．入居者の代表は，入居者で構成される自治会での選挙によって決定される．また，フォーカス・グループやフォイヤーのスタッフが50%，入居者代表が50%で構成される実行委員会（Executive of Committee）が運営委員会の下位組織として存在し，具体的な運営などが話し合われる．

日常的な運営は，現在フォイヤー・マネージャーを中心に13人の常勤スタッフによって行われている（表7-17）．フォーカス・フォイヤーのスタッフは24時間体制で入居者の対応に当たることが基本となっており，スタッフが交代で常駐している．また，スタッフは入居者の要求に対応するため専門的な知識を必要とするだけでなく，問題を抱える若者の相談役として親身になって対応することが要求される．しかし，フォイヤーの入居者数約80人に対し，13人の運営スタッフは少数であり，効率的な運営を行っていかねばならない．そのため，フォーカス・グループ内の組織と連携したり，CCTV など最新の機器を使ったりして，人手不足をカバーしている．効率性と入居者の利便性とのバランスを図ることがひとつの課題であると言える．

フォイヤーでは運営スタッフとは別に，トレーニング・スタッフが必要である．トレーニング・スタッフは，フォイヤーやフォーカス・グループのス

表7-17　フォイヤーを運営するスタッフと仕事内容

スタッフ	仕事内容
フォイヤー・マネージャー	事業計画の運営，入居者の福利厚生，予算管理，建物のメンテナンス，安全管理，スタッフの勤務管理，外部組織との連絡など包括的なフォイヤー運営に対する責任者
プロジェクト・ワーカー(3)	アクション・プランの作成，トレーニング・プログラムの企画や作成，プログラムやイベントのアレンジ，就職・進学に関するアドバイスの提供や相談など
住宅管理ワーカー	宿舎提供のアレンジ，宿舎管理など
コンシェルジェ (2)	フォイヤー館内の見回り等
受付 (1)	訪問者の管理，売店の管理，日誌の記入，集金，事務
ケアテイカー (2)	清掃など

注：フォーカス HA 提供の内部資料 Business Plan for the Focus Foyer から作成．

タッフが兼任することもあるが，大学や専門学校など外部からの非常勤講師が派遣されることもある．こうしたスタッフの確保という面でも，フォイヤーにとって外部組織との連携は必要不可欠となっている．

第6節　地域のマルチプレイヤー

　フォイヤーは，シェルターとしての住宅を提供するだけではなく，若者が社会的な生活を自立して営めるように，技術的，経済的，そして精神的な支援を行なっている．これは，若年層が抱える諸問題を，相互に関連した問題として捉えた，包括的なアプローチであると言える．これらの包括的なサービスを供給するにあたり，技術的かつ経営的に，多方面にわたり協力関係が築かれていることは，注目すべき点である．個別の問題分野の枠を越えた良好なパートナーシップの形成は，サービスの質を向上させるのに大きく貢献するであろうし，経営の安定化を図る上でも不可欠となっている．
　フォイヤーのような複合的なサービス供給施設の開発におけるパートナーシップの成功要因として，HAが住宅供給・管理という住宅に限定された活動を行うだけでなく，パートナーシップをコーディネートする役割を果たしていることが注目される．これまでの住宅供給・管理活動やサービス提供のための財源確保といったHAのキャリアがこのような活動の基盤となり，それを可能にしたと言えよう．
　第5章でみたように，HAの活動は明らかに多様化しており，住宅供給のみならず地域の包括的な再生対策においても重要な役割を果たすようになってきた．HAがフォイヤーの開発・管理主体として大きな役割を果たしていたという事実は，こうした認識を実証するものである．今後も，HAは，社会的弱者への住宅供給・管理だけでなく，より包括的な活動を行う地域再生のプレイヤーという役割を期待されていくことになろう．

注
1) 16歳または18歳から25歳までの若者をさす場合が多い
2) ホームレスの定義には，居住する宿舎を持たない者をはじめとして，居住が不安定な者，車や船舶など稼動構造物に居住している者なども含まれている．また，優先的に住宅を保障される対象には，妊婦および妊婦を抱える世帯，未成年のいる世帯，障害者のいる世帯，高齢で自立して生活できない者を抱える世帯，人種差別や家庭内暴力を受けている（受ける可能性のある）者を抱える世帯，何らかの問題を抱える若者などが挙げられている．
3) ベッド・アンド・ブレックファストの略．朝食込みの宿泊所．旅行者にも利用されているが，地方自治体がホームレスの人々のために一時宿泊所として借り上げることもある．
4) シェルターは，1966年に設立された非営利の居住支援組織であり，イギリスで最大規模の活動を展開している．主な活動としては，居住改善のキャンペーンをはじめとする住宅運動やホームレスの人々への住宅斡旋・相談等がある．
5) 1998年11月と1999年1月にフォイヤー連盟から異なるディレクトリーが郵送されてきた．郵便調査は12月に行ったため11月に送られてきたディレクトリーを用いた．これには，78のフォイヤーが記載されている．また，確認に用いたディレクトリーは郵便調査のものと異なり，1999年1月のものである．このディレクトリーには全部で82のフォイヤーが記載されており，2つのディレクトリーに記載されていたフォイヤーは重複するものを除いて92であった（開設中のものを一部含む）．
6) ちなみに，調査の時点で，バーミンガムには，この3つのフォイヤーしか存在していなかった．2004年時点ではトライデント・ハウス・フォイヤーが開設され，バーミンガム市内には4つのフォイヤーがある．フォーカス・フォイヤーとラベンハースト・コテッジはそれぞれフォーカスHA，トライデントHAが運営しており，規模（所有ベッド数）は80床，30床となっている．それぞれの母体であるHAの規模は，フォーカスHAが所有住宅戸数1万戸を超すイングランドでも大規模なHAである．トライデントHAも，2,000戸近くを所有する中規模HAである．エドモント・コート・フォイヤーはホームレス支援の非営利団体セントバジルが運営している所有ベッド数52のフォイヤーである．
7) 1998年にフォイヤー連盟に加盟していたフォイヤーのうち，一部は連盟を脱退しており，1998年のディレクトリーに記載されていたすべてのフォイヤーが2004年時点でのディレクトリーに記載されているわけではない．脱退したフォイヤーが現在も継続して活動を行っているかは，現時点では把握できていない．
8) 1996年にHAGがSocial Housing Grantと改称された．
9) また，コスト全体から見ると小さな割合ではあるが，ブリティッシュ・テレコムなど民間企業からの寄付は，企業の地域への貢献度という観点から見て重要である．

第7章 フォイヤーへの取り組み

10) レストランは，計画が浮上しただけで実際営業はしていない．
11) フォーカス・グループは，現在プライム・フォーカスと名前を変えている．フォーカス・ハウジングをはじめ HAMAC ハウジング，フォーカス・ホーム・オプションなど6組織を束ねている．

第8章　ブレア政権の住宅政策とハウジング・アソシエーション

　労働党は1997年の総選挙に勝利し，政権の座に就いた．新政権下では，社会福祉システムの再構築が進められ，雇用対策と教育対策に重点が置かれた．住宅政策はと言えば，1990年代前半と同様に，積極的に進められてきた都市再生対策の中に包含され，社会的排除の問題の一課題として対応される程度の扱いであり，1990年代末には，「住宅政策の終焉」が議論されるほど，その政治的課題としてのプライオリティは低いものであった[1]．しかし，新世紀を迎えてまもなく，住宅は政治的議論の中心に返り咲き，住宅は再び主要な政策課題の1つとして扱われるようになった．

　一方，1990年代都市再生対策や公営住宅移管事業を通じてその勢力を拡大してきたHAは，住宅政策の政治的重要性が復活するにつれて，その活動はより一層住宅政策のあり方に左右されるようになってきた．このことは，HAに対する期待をふくらませている反面で，HAが本来持っている自立性や活動の独自性の希薄化に対する危惧も生み出している．

　こうした状況を踏まえて，本章では，労働党ブレア政権下の住宅政策を概観し，HAの現況を明らかにする．

第1節　住宅政策の「終焉」

　第1次大戦以降，住宅政策はすべての世帯が良質な住宅を得ることができるようにするため，量的な住宅生産目標を設定し，それを達成することが，そして一定の量的充足が図られて以後は，ストックの質を向上させることが

中心課題であった．しかし，公営住宅供給の推進や高度成長に伴う国民の所得向上，住宅金融の発展，政策的持家取得の促進によって，大多数の人々がそれなりの水準の住宅を得たことで，絶対的な住宅不足という古典的あるいは戦後処理的な住宅問題は次第に収束していった．

しかし，問題の収束はその胎内に新たな問題の芽をやどしており，しだいにその姿を明確にしていく．1980年代以降，国家予算に占める住宅コストの削減や住宅供給の市場化が，持てる者と持たざる者との格差は拡大した．格差拡大＝「二極化」の進行に伴い，住宅不足や住宅管理といった住宅固有の問題よりも，社会的な機能障害やコミュニティの崩壊，大量の失業や日常生活における貧困が表面化したのである．

かくして，1990年代以降，住宅政策は，より社会的・経済的な要素との関連の中で語られるようになった．すなわち，住宅政策は次第に，住宅不足に対する大量の住宅供給や不良住宅を改善するための住宅投資といったアプローチから，社会住宅の供給・管理や住宅給付，ホームレス対策といった限定的な階層に対するアプローチへと変化し，都市政策に包含される傾向を強めていった．その限りでは，住宅政策はその独自性を失い，政策形成・実施において軽視される傾向を強めていったのである．

こうした中で，1990年代末になると，イギリスの都市・住宅研究者らの多くは，戦後処理的な住宅政策がその役割を終えたこと，政策課題として住宅の固有性が喪失しつつあること，そして政府の住宅政策における役割が縮小化されていくことなどを指して，「住宅政策は終焉した」との認識を示した（Bramley 1997, Kleinman 1998）．我々福祉後発国の住宅政策研究者にとって，先駆的に住宅政策を展開させてきたイギリスにおいて「住宅政策の終焉」が議論される事態は，それなりに衝撃的である．

事実，「住宅政策の終焉」という指摘は，1990年代の都市再生事業にその象徴的な事例を見ることができる．第5章第3節でも触れたように，市場主義的政策が社会的なひずみと地域的不平等を拡大させ，その格差を縮めるべく包括的な都市再生事業が全国で展開されるようになった．これらの事業は，

住宅の新規建設や改善事業というよりも，雇用機会の創出や職業訓練，地域経済の振興といった社会・経済的な側面を強調したものであった．また，こうした事業の展開と踵を接して，これまで積極的に行われてきた持家取得の支援策が次第に縮小していったことも，「住宅政策の終焉」を印象づけたのであった．

マルパスとミューリー（1999）もまた，「住宅に関する議論は，以前とはかなり異なって」おり，「問題の異なる形成過程は，異なる政策処方をもたらす」という観点から，住宅政策が終焉を迎えたことを許容した．しかし同時に，彼らが，失業問題や貧困問題が住宅問題の核心であるかのように論じられ，都市政策や地域政策の中に住宅固有の問題が覆い隠されることへ懸念を示した点は興味深い．彼らは，これまでの伝統的な住宅政策の枠組みでは，現在，残存する問題や新しい問題に対応することは困難であり，新しい住宅政策と他のプログラムとの慎重なコーディネートが必要とされることを主張した．戦後のブリック・アンド・モルタルを中心とする住宅政策は終焉を迎えたことを認識し，それに代わって，新しい住宅政策は，その固有性を保ちつつ，社会・経済の再生対策の基盤として位置づけられねばならないことを強調した．

ともあれ，国家や国民の関心は古典的な住宅問題から遠退いたとはいえ，問題はそれで解決されたわけではなかった．「二極化」の進行は，ほとんど全社会的規模での新たな住宅問題を惹起しているように思われる．それが，公営住宅や社会住宅の残余化や，住宅給付の増大，低所得な持家層の維持・管理の困難，差し押さえの増大，住宅ローン破綻という，何よりも「持てる者」への梯子を登れなかった，もしくは登り損ねた層の抱える問題であるとともに，投機的住宅市場の発展が付随する多数の「持てる者」のリスクの成長の過程でもあることを認識することは，それほど困難なことではないからである．

こうした背景の下，「住宅政策の終焉」という認識や懸念もまた「終焉」し，住宅政策は主要課題として政治の議論に返り咲いていく．それはブレア

政権が発足してから数年後のことであった．

第2節　ブレア政権初期の住宅政策

　トニー・ブレア率いる労働党は1997年の総選挙に勝利し，政権の座に就いた．新政権下では，社会福祉のシステムの再構築が進められ，雇用対策と教育へのコミットメントが強調された．住宅政策は，ブレア政権下でも，前保守党政権下のそれと変わらず社会的排除の問題解決の一端として扱われた．"Joint-up-thinking（総合的な思考）"が強調され，住宅政策はむしろますます都市再生対策の中に埋もれていった．総選挙前に示された労働党のマニフェストの中には，少なくとも住宅に関する公約がいくつか掲げられてはいたが，新政権が住宅政策に積極的に取り組もうとする姿勢は感じられず，ブレアの住宅政策に対する評価には，保守党の下の基本方針を継承したものであるとの指摘が目立った（Malpass & Murie 1999, Cowan & Marsh 2001, Lund 2002）．

　では，ブレア政権は住宅に関して具体的にどういった取り組みを行ってきたのだろうか．2000年に発行された「Quality and Choice : A Decent Home for All」と題された住宅緑書にブレア政権の住宅政策方針が示されている．この中には，大きく分けて3つのテーマを見出すことができる．1つは，持家に関する問題，もう1つは低所得者層の住宅問題，最後は社会的排除の問題である．この中で最も多くの紙幅を割いているのが，低所得者層の住宅問題であり，具体的にはとくに老朽・不良公営住宅の改善が強調された．

　政府は，資本的収入主導策（Capital Receipts Initiative）を講じて，公営住宅の改善に利用できる予算枠を拡大した．これまで述べてきたように，公共支出の削減や購入権政策のあおりを受けて，地方自治体の手には老朽化・不良化した公営住宅ストックが集積していた．劣悪化した住宅は，周辺環境の悪化も招き，地域的な衰退・荒廃の間接的な原因とも見なされており，政府

にとっても地方自治体にとっても頭の痛い問題であった．公営住宅の未修繕費用の総額は，190億ポンドと算出されており，公共支出の増額だけでは十分でないことから，資本的収入主導策の他にも，公営住宅移管事業，民間資金主導策（PFI），住宅管理会社（Arm-Length Management Organisation）の設立という3つの選択肢を準備して，公営住宅の改善を促進しようとした．地方自治体の多くはその選択に苦悩したが，結果として最も多く選択されたのは公営住宅移管であった．

こうした方針から見えてくるのは，公営住宅をはじめとする社会住宅を，公共と民間とHAの3者のパートナーシップによって維持していこうとする政府の姿勢である．3者のパートナーシップは，これらの課題に関してだけでなく，住宅緑書のいたるところで強調されている．政府は，地方自治体に対して，政府機関や非営利セクター，民間セクター，地域コミュニティなどと協働して効果的な活動をコーディネートするための戦略的役割を担うことを期待し，HAには社会住宅の供給・管理に一層の役割を果たすことを求めた（DETR 2000a）．

しかし，実際のところ，地方自治体の財政不足は続いており，資本的収入主導策の導入にもかかわらず，1997年から3年間の住宅予算は，前保守党政権末期よりもかなり低いレベルに抑えられた（表8-1）．

HAに関しても，大きな期待がかけられたものの，住宅開発に対する予算は削減され，これに伴って事業承認戸数も減少した（図8-1）．また，家賃上昇に対する抑制措置も継続されており，HAをめぐる環境は90年代前半と比較すると，かなり厳しいものであったと言わねばならない．HAセクター自体は，公営住宅移管事業によって所有ストック数が増加し拡大傾向にあるものの，新規供給戸数は減少を余儀なくされた．

ところで，住宅政策そのものではないが，

表8-1 政府の住宅資本支出

(億ポンド)

年	予算
1993/94	39.9
1994/95	33.3
1995/96	27.9
1996/97	27.0
1997/98	19.3
1998/99	17.3
1999/2000	17.8

出典：Lund（2002）．

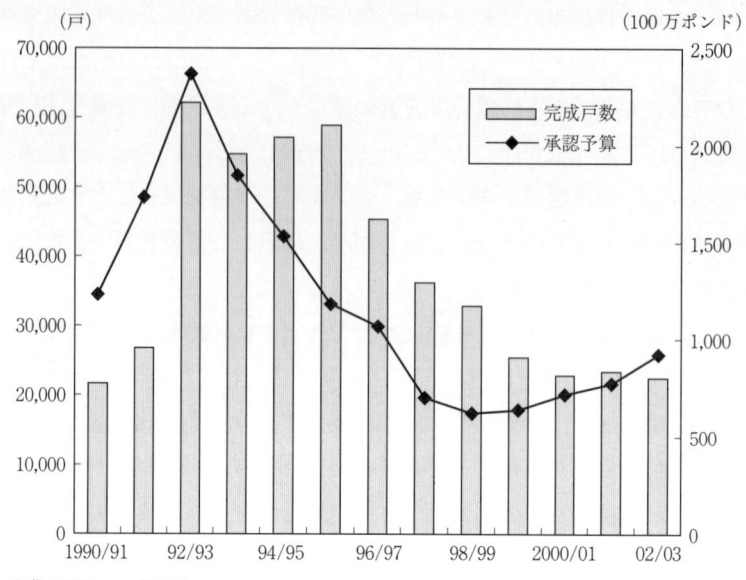

出典：Wilcox (2002).
注：2001/02年推定値，2002/03は見込み値．

図8-1 ハウジング・コーポレーションが承認した開発事業の予算

　地方自治体およびHAの住宅供給・管理に大きな影響を及ぼしているものとして，ベスト・バリューについても触れておかねばならないだろう．

　ブレア政権は，地方自治体によるサービスの質の向上と経営の効率化を目標に掲げた．これを推進するため，1988年に導入された公共サービスの強制競争入札制度（CCT）を廃止し，代わってベスト・バリュー政策を導入した[2]．

　ベスト・バリューとは，地域で供給されるすべてのサービスを見直し，サービスのコストと質に十分配慮した明確な水準に基づき，最も効果的で，経済的，かつ効率的な方法で，サービスを供給せねばならないという地方自治体に課された新しい義務である[3]．

　こうした方針の下，地方自治体は実行するサービス（Performance）を，経済性（Economy），効率性（Efficiency），実効性（Effectiveness）という3

つの基準によって点検・評価しつつ，サービスの質の向上に努めることが求められている．

具体的には公共サービスに関して，地方自治体は住民に対して果たす使命（Mission）やビジョン（Vision）と，それを達成するための具体的な目標（Objective）や達成目標（Targets）を含んだ5年計画の戦略を策定せねばならない．さらにこれを基にして，地方自治体は毎年，実績計画（Performance Plan）を策定し，政府が設定した全国一律に求められるサービス水準を評価するための実績指標と，地方自治体が地域の実情を考慮して設定した実績指標について，その達成度を測るのである．

また，地方自治体は，毎年の実績評価と翌年の達成目標について外部監査を受けなければならない．各自治体は，現状のサービスレベルを最良，良，普通の3段階でランク付けされる[4]．低いランクしか獲得できなかったサービスについては，中央政府が介入し，改善のためのアクション・プランの作成や，競争入札の実施などが求められる．

ベスト・バリューは，もちろん地方自治体の住宅サービスにも適用された．評価指標は，住宅管理に関するもの（家賃収納率，入居者の満足度，居住者参加の機会）や，ホームレス世帯の状況，居住に適さない公営住宅戸数などが用いられている．

ベスト・バリューと関連して，政府は，公営住宅管理サービスの質の向上とさらなる効率化を実現するためにも，居住者参加が重要であるという認識を示しており，地方自治体に住民参加条例（Tenant Compacts）の作成を定めている．

そして，本書として特に注意を要することは，この時以降，HAのサービスに関してもまたベスト・バリューの考え方が適用されるようになったということである．コーポレーションや監査委員会（Audit Commission）による活動監督や財政監査などがこれまで以上に強化されることになった．

第3節　ブレアの都市再生

　繰り返して言えば，ブレア政権下では，当初，荒廃した地域における社会的排除の問題解決が，その政策的中心課題に据えられていた．包括的な都市再生対策が，前保守党政権から継続して実施された．住宅政策の転機に触れる前に，ここでブレア政権の都市再生対策に対する積極的な対応について確認しておこう．

　政府は2000年，包括的予算の見直しに基づいて，都市再生に対して今後3年間に30億ポンドを超える予算を配分し，都市再生対策に力を入れることを示した．図8-2によれば，都市再生対策予算は，99年に一旦減少するがその後増加に転じ，保守党政権末期の水準を超えていくことがわかる．

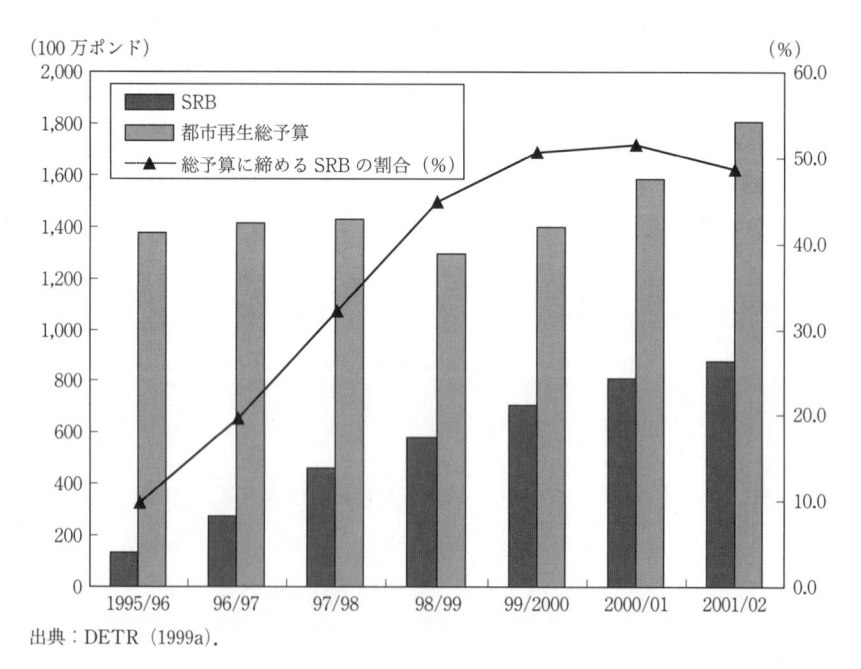

出典：DETR（1999a）．

図8-2　SRBの予算額と都市再生対策総予算

ブレア政権の都市再生対策は，保守党時代から継続して実施している包括的都市再生予算（Single Regeneration Budget：SRB）と新しく創設したニュー・ディール・フォー・コミュニティ（New Deal for Community：NDC）の2つが柱であった．都市再生予算のうちSRBには23億ポンドが割り当てられ，政権交代後初めて実施されたラウンド5の入札では，163の事業が予算を獲得した．初年度予算は，約4,900万ポンドで事業期間を通じた予算は1億ポンドを上回った．これは，ラウンド3，4とで承認された事業予算よりも多く，ラウンド1，2で承認された事業予算のレベルにまで回復している．図8-2からもSRBの予算が都市再生対策予算の総額に占める割合のおよそ半分を占めるようになっていることがわかる．

　荒廃した地域の社会的排除の問題解決に取り組むという都市再生対策の基本方針に基づいて，政府は，1998年に実施されるSRBラウンド5から，SRB予算総額の80％を最貧困地区に優先的に割り当て，より再生効果が高いと期待される場所に十分な投資が行えるよう予算配分を改めた．残りの20％は地方部で部分的に荒廃している小地域に対して配分された．

　労働党政権下のSRBのもう1つの特徴は，パートナーシップや地域コミュニティの役割が強調されている点である．SRBの申請において，事業主体を地方自治体や地域コミュニティ，民間，HAや非営利団体など，複数の組織によって形成されたパートナーシップに限定することを予算配分の判定基準の1つとするとともに，地域コミュニティの再生事業への直接的な参加の仕組みが加えられた．こうした仕組みの整備とともに，コミュニティの構成員がプログラムの意思決定に主要な役割を果たせるよう，コミュニティの活動力の向上（Capacity Building）が奨励された．

　このSRBは2000年のラウンド6をもって終了した．SRBに対しては様々な評価が行われているようであるが，その中に補助金交付が終わった後のコミュニティ活動の継承性を問題視する声がある．補助金が止まると，地域再生・維持の活動は資金的にも人材的にも行き詰まりを呈するようになり，元の荒廃した状況に逆戻りしてしまう地域が見られたのである．SRBの反

省が反映されて，後述する NDC には，一層パートナーシップやコミュニティの育成および役割の強化を強調する傾向が見られる．

また，SRB に相当する予算は，2002 年から地域開発公社（Regional Development Agency: RDA）の他の予算と統合され，各 RDA が策定した広域戦略を実現するための新たな事業に配分されることになっており，都市再生対策に関わる権限や財源の分権化が進みつつある．

もう1つの都市再生対策の柱である NDC は，1998 年に創設され，1999/2000 年には1億ポンド，2000/01 年には2億 5,000 万ポンド，2001/02 年には4億 5,000 万ポンド，3年間で合計8億ポンドの予算が計上された．今後10年間で20億ポンドの予算が見込まれている．NDC は，SRB と同様に，コミュニティを基盤としたパートナーシップによって再生事業を実施し，地域の社会的排除問題を解決することを目的としたプログラムであるが，SRB と異なるのは，対象を 1,000～4,000 世帯規模の比較的小さな近隣地区（Neighbourhood）としている点である．また，NDC に認定された地域は，国，地方，地域レベルのサービス供給主体とともに「地域戦略パートナーシップ（Local Strategic Partnerships）」を構築し，既存のプログラムやサービスを実施・供給している組織とも連携して活動することが期待されている[5]．

1998 年には最初に NDC を実施する 17 の地域（表 8-2）が発表された．各地域には，2,000 万～5,000 万ポンドの補助金が地方自治体を通じてではな

表 8-2　NDC の実施対象地域

● Birmingham (King's Norton)	● Middlesbrough (West)
● Bradford (Little Horton)	● Newcastle (West Gate)
● Bristol (Barton Hill)	● Newham (West Ham and Plaistow)
● Brighton (East Brighton)	● Norwich (North Earlham and Marlpit)
● Hackney (Shoreditch)	● Nottingham (Radford)
● Hull (Preston Road)	● Sandwell (Greets Green)
● Leicester (Braunstone)	● Southwark (Aylesbury Estate)
● Liverpool (Kensington)	● Tower Hamlets (Ocean Estate)
● Manchester (Beswick and Openshaw)	

出典：DETR (1998d)．

く，政府から直接事業を担う主体（パートナー）へ交付される予定になっている（DETR 1998d）．

　さらに，2001年には衰退した近隣地区と他地区との格差解消を目的とした「国家戦略アクションプラン」が発表された．その先駆けとなったのが，これを統括する近隣再生局（Neighbourhood Renewal Unit）の設置と，近隣再生基金（Neighourhood Renewal Fund）の導入であった．これは，88の最も減退した地域を対象に，地域住民やグループに中心的役割を与え，地域の主要な問題に取り組むための補助金を交付する事業である．3年間で9億ポンドの予算が確保されている．また，パートナーシップの形成の動きを支援するため，地域団体などの活動を支援するためのコミュニティ支援基金（Community Empowerment Fund）も用意されている．

　このように，ブレア政権下では都市再生事業にもパートナーシップが強調されており，コミュニティの役割を拡大しようという意図が強く働いていると言えよう．

第4節　住宅政策の復活

　前節で見たように，初期ブレア政権は都市再生事業に熱心であったが，前保守党政権下のそれと同様に，住宅供給・管理の位置づけは低く，どれもその点の改善に大きく貢献するものではなかった．住宅政策の崩壊が議論されるほど，その重要性はないがしろにされていたのである．

　しかし，新世紀に入ってから住宅は政治的議論の中心に返り咲き，そして再び主要な政策課題として扱われるようになっている．こうした背景には，都市再生への積極的な取り組みにもかかわらず地域的不均衡発展が進み，それに伴い，住宅需給の地域的不均衡も著しくなってきたこと，そして何よりもそれが影響して，人々の生活に大きな支障を来たし始めたという現実がある．

　現在のイギリスが抱える主要な住宅問題のひとつは，ロンドンおよびイン

グランド南東部におけるアフォーダブル住宅の不足である。これらの地域では、住宅価格の上昇に伴って、ホームレス世帯の増加はもとより、教師や看護婦といった都市の中核労働者（Key Worker）が住宅を取得したり維持したりすることが困難な状況にあることが大きな問題となっている。

ロンドンと南東部におけるホームレス世帯数は2003年の住宅統計によると2001/02年時点で44,850世帯であり、全国のホームレス世帯数（117,840世帯）の38.1％を占めている（ODPM2003a）。これはホームレス世帯数がピークとなった1991/92年時の割合よりも高くなっている。

2002年の平均住宅価格は205,120ポンド、新規建設住宅については239,360ポンドと、低賃金労働者にとって支払い可能な価格ではなくなっている（ODPM 2003a）。2001年から2002年の住宅価格の上昇率も19.2％と高く、リビングストン・ロンドン市長は、GLAのホームページで今後毎年31,900戸の新規住宅供給が必要であり、そのうち50％はアフォーダブル住宅として供給される必要があるとの見解を示している（GLA 2003）。

一方、イングランド北部およびミッドランド地方では、住宅供給過剰の状態にある。産業構造の変化に伴い、鉄鋼業や炭鉱など第1次産業が基幹産業となっていた北部地域の中核都市中心部では、ロンドンや南東部といった雇用が集中する地域へと人口が流出している。また、衰退する都心部から逃れ、郊外へ脱出する人口も少なくないため、大量の空家が発生している。さらには、これらの地域には居住に適さない狭小・老朽住宅や人々に不人気な住宅が多いことも政府の調査報告で明らかとなっており、こうした住宅の問題が地域的な荒廃を著しく進行させる原因になっている。

こうした問題に対応して、2003年2月政府は、「コミュニティ・プラン―持続可能なコミュニティ」を発表した。これは、ロンドン・南東部および北部・ミッドランド地域において、上述の地域問題を解決することを主目的としている。名称からはコミュニティの育成対策一般を想像するが、中身は「持続可能なコミュニティ」を実現するための住宅対策である。この「コミュニティ・プラン」をきっかけにして住宅政策は再び動き出したのである。

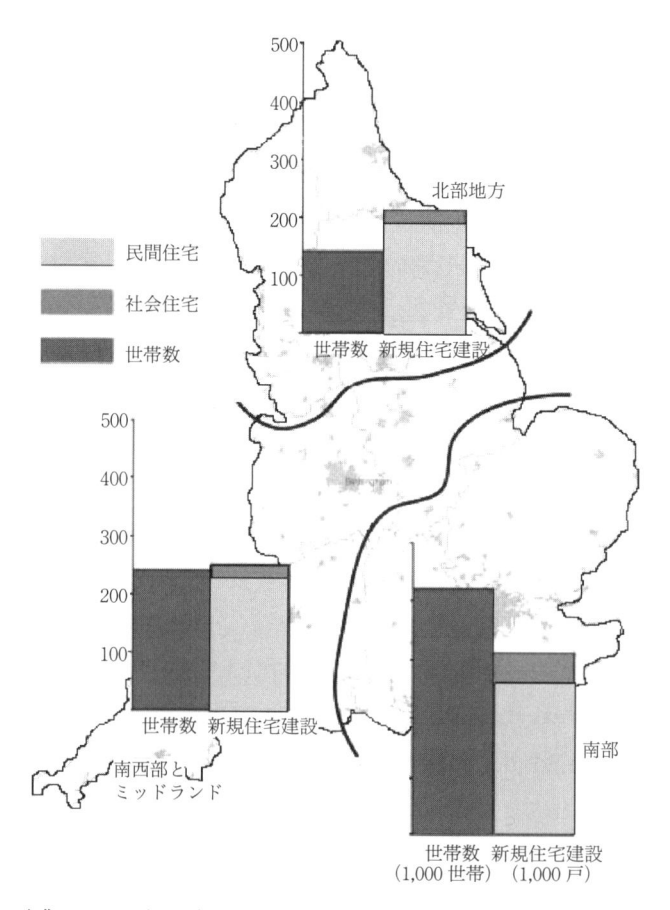

出典：ODPM (2003b).

図 8-3　各地方における住宅建設戸数と世帯数の増加（1997-2001 年）

　コミュニティ・プランは，ナショナル・プランとリージョナル・プランとに大別され，それぞれ国家的ビジョンと，各地域での具体的な問題状況およびそれに対する対策が示されている．このプランの特徴は，目標達成手段として，予算の増額（HA に交付される補助金や地方自治体の住宅予算の一部を合わせたシングル・ポットと呼ばれる予算枠の設置，地域再生対策予算や RDA のプログラムの利用など）だけでなく，長期的なビジョンと広域的戦

略の策定，プランニング制度の改定を打ち出しているところにある．

プランにおいて，広域住宅戦略を策定し，それを推進する実行主体は，地域住宅委員会（Regional Housing Board）である．住宅委員会は，政府の出先機関（Government Office）や自治体，コーポレーション，RDAなどの代表によって構成される．

コミュニティ・プランの具体的方針としては，ロンドン・南東部の住宅不足解消のための住宅供給促進策と北部・ミッドランド地域を対象とした「住宅市場再生対策（Housing Market Renewal）」が柱となっており，これらの対策のための予算として，2002/03～2005/06年にかけて220億ポンドが投じられることになっている．

このうち，ロンドンの住宅不足対策については，ロンドンのコミュニティ・プランの中で，年間2万3,000戸の住宅供給を達成することが提唱されている．その目標達成のための具体的対策については，既存開発の地域における利用地の再開発や空家の再生，公営住宅のための第3セクター住宅管理組織（ALMO）やPFIの奨励，RTBの濫用阻止[6]などが掲げられている．また，都市の中核労働者のための住宅取得対策として，1次購入者対策（Starter Home Initiative）[7]が実施され，2002/03～2005/06年に10億ポンドが投入されることになっている[8]．

また，イングランド北部とミッドランド地域における住宅供給過剰と地域的衰退問題については，「住宅市場再生対策」が打ち出されている[9]．これは，対象地域における低需要の住宅や遺棄された住宅を改善したり，建て替えたりすることによって，住宅地としての機能を回復させ，住宅市場を再生することを意図した対策である．そのために，ロンドン・南東部のように，住宅にのみ対策を講じるのではなく，既存の近隣地区再生対策（Neighbourhood Renewal）などの雇用促進やコミュニティ育成に主眼をおいた対策にも取り組むことになっている．

今日のイギリス住宅問題は，戦後の絶対的住宅不足やその後のアフォーダビリティ問題と比べて，問題状況が全国一律に一般化できなくなっている点

が特徴的である．南北格差をはじめとして，地域によって問題とその要因が異なっているため，地域ごとに問題状況を把握し，その対策を講じる必要性が生じているのである．

「コミュニティ・プラン」の実施と併行して，財務省大臣ゴードン・ブラウンと副首相ジョン・プレスコットの依頼で作成された「バーカー・リポート（Barker Report）」と称される報告書も，政府の住宅政策への積極的なコミットメントに大きく影響を及ぼしている．バーカー・リポートは，2003年2月に中間報告書が，2004年3月に最終報告書が発行されており，中間報告書では住宅需要と供給の分析が，最終報告書では分析に基づいた政策提言がまとめられている．

レポートでは，住宅価格の高騰や住宅市場の不安定性が，労働力の流動化を阻害しイギリス経済の成長を抑制していることや，EUの通貨統一にむけて大きな障害となることが指摘されている．これまで中央政府の中では，交通・自治・地域省（Department of Transports, Local Government and Regions：DTLR）や副首相府（Office of Deputy Prime Minister：ODPM）が住宅政策の取り組みを管轄していたが，住宅価格の高騰や住宅市場の不均衡発展が一国の経済をも左右しているという状況に，財務省が住宅問題への取り組みに乗り出してきたのである[10]．財務省のイニシアティブは住宅政策の強力な財政的後ろ盾となり，住宅政策を政治の中心に据えた．住宅政策は経済政策と深い結びつきを持ってブレア政権下で復活したのである．

第5節　ハウジング・アソシエーションの階層分化

住宅政策のこうした新展開は，当然のことながらHAをめぐる状況にもかなりの変化を及ぼしつつある．その1つは，HA間の予算獲得をめぐる競争の激化が，その階層分化を促進していることである．規模格差の拡大自体は，すでに以前から見られた現象であったが，ブレア政権下でこうした傾向が一層鮮明になってきた．

HAは，既述のように1980年代末に社会住宅の主要な供給主体と位置づけられて以降，全体としてその規模を拡大してきた．特に1990年代後半以降，公営住宅移管が積極的に進められており，このままの状況が続けば，HAセクターの規模は，いずれ公営住宅セクターを凌ぐ程になると言われている．注目されるべきは，セクター全体では住宅ストック数を順調に伸ばし成長を続ける一方で，セクター内で構造的な変化が見られるようになってきたことである．

　その第1の特徴は，組織の規模格差の広がりである．表8-3は，組織規模別に所有する住宅ストック数を示したものである．HA住宅の81%は，2,500戸以上を所有する比較的規模の大きなHAによって所有・管理されている．その他1,700ほどのHAが所有する住宅はわずか20%である．これまでも，こうしたHA間の規模格差は存在していたが，1990年代後半公営住宅移管事業が強く奨励され，それが多くの自治体で取り組まれた結果，2,500～10,000戸の住宅ストックを所有する組織が多く設立され，HAの階層間格差が大きくなった．

表8-3　住宅ストック規模別に見るHAの組織数と所有住宅戸数，および移管HAの組織数（2002年3月末）

HAの規模	HAの組織数(A)	%	所有住宅数(100戸)	%	移管HAの組織数(B)	(B)/(A)の割合
0	137	7.2	0.0	0.0	4	2.9
1～5	84	4.4	0.3	0.0	0	0.0
6～25	599	31.4	7.8	0.5	0	0.0
26～100	450	23.6	22.9	1.4	0	0.0
101～250	182	9.5	27.8	1.7	1	0.5
251～1,000	156	8.2	82.1	5.2	10	6.4
1,001～2,500	97	5.1	161.8	10.2	21	21.6
2,501～10,000	178	9.3	856.9	53.8	95	53.4
10,000超	27	1.4	434.1	27.2	5	18.5
NA	—	—	—	—	36	—
計	1,910	100	1593.6	100	172	9.0

出典：コーポレーションのRegulatory Statistical Returns Survey 2003およびODPM, LSVT一覧，コーポレーションのPublic Registerを参照して作成．

表 8-4　補助金事業の特徴

項目　　　　　　　　　　　　　　　年	2002/03	2003/04
補助金額(100万ポンド)	921	1,217
補助金を受けた HA 数	385	353
補助金を受け新規住宅開発を実施する HA 数	305	297
補助金を受け既存住宅の改善を実施する HA 数	150	124
2,500 戸以上を所有する HA が担う事業の割合(%)	76	81
500 戸以下を所有する HA が担う事業の割合(%)	7	4

出典：Housing Corporation (2004).

　格差を大きくしているのは，公営住宅移管だけではない．HA はコーポレーションによって開発能力が査定されるため，規模の大きな HA はその担保力と実績で，より多くの開発承認を得ることができる．新規開発が大規模 HA に集中することも規模の格差を拡大する要因となっている．

　表 8-4 は，コーポレーションの補助金配分の特徴を示したものである．

　2002 年と 2003 年では，補助金総額はかなり増加しているが，補助金が配分された HA の数は 32 も減少している．また，その補助金を利用して新規住宅開発を行う HA の数もわずかであるが減少しており，住宅ストックを多く所有する HA への住宅開発事業の集中がいっそう強まっていることがわかる．

　こうした HA の階層分化および大規模 HA への開発事業の集中という状況を反映して，コーポレーションによる HA の活動監督が一層厳しくなった．多額の公的補助を受けている HA は，3 カ月ごとに報告書を提出する義務が課せられている．また，サービスの質を監督するため，監査委員会による監督も始まった．つまり，中央政府からの監督という形で，アカウンタビリティの強化が図られることとなった．

　HA の組織的な変化の第 2 の特徴として，補助金獲得が一段と厳しくなった状況を受けて，吸収・合併など新たな道を探る必要が以前に増して高くなってきたことがある．それを象徴するのがグループ・ストラクチャーの増加である．グループ・ストラクチャーとは，いくつかの HA が集まって形成

されたひとつの企業グループである．IT 投資や経営管理などの技術を共有できることや，中小 HA を傘下におさめグループの財政基盤を固めること，HA という枠組みでは原則的に取り組みにくい事業を，子会社を通じて取り組むことができるといったことが，グループ・ストラクチャーを形成する利点である．

　ホワイトヘッドらの調査によると，2002 年時点で 164 のグループが形成されている[11]．92% の HA がいずれかのグループに属しており，ここ数年，グループ・ストラクチャー形成の傾向が強くなっている．

第 6 節　予算配分の変化

　すでに指摘したように，1998 年まで減少を続けていたコーポレーションの予算は，1999 年から増加に転じている．2002 年の総予算は約 10 億 3,200 万ポンドで 1999 年の約 1.5 倍であり，このうち約 52% はロンドンと南東部に配分されている（Housing Corporation 2000, 2004）．ロンドン 7 南東部，南西部，東部では，事業承認額の地域配分率が増加しているが，他の地域で

表 8-5　開発事業承認額と地域配分率の変化（1999 年/2002 年）

	1999/2000		2002/03	
	事業承認額 (100 万ポンド)	地域配分率 (%)	事業承認額 (100 万ポンド)	地域配分率 (%)
London	264.19	41.4	423.88	46.1
South East	71.53	11.2	113.09	12.3
South West	42.34	6.6	62.35	6.8
East Midlands	28.28	4.4	39.46	4.3
Eastern	38.26	6.0	62.53	6.8
West Midlands	45.13	7.1	64.63	7.0
Yorkshire & Humberside	43.15	6.8	49.23	5.4
North Eastern	18.4	2.9	22.38	2.4
North West	61.4	9.6	57.47	6.2
Merseyside	25.41	4.0	24.85	2.7
合　計	638.09	100.0	919.87	100.0

出典：Housing Corporation (2001, 2004)．

は減少している(表8-5).これを見る限りでは,南北2種類の住宅対策がコミュニティ・プランの柱をなすとはいえ,政府の政策がロンドンをはじめとする地域で住宅供給を特に重視していることが読み取れる.ただし,ロンドンやその周辺の地価が上昇しているため,予算の増加がHAの住宅供給戸数に顕著な増加として反映されているわけではない.

他方,政府の表明したコミュニティ・プランの実現に向けて,アフォーダブル住宅の供給を迅速かつ効率的に行うため,コーポレーションがHAに配分する補助金の配分方法が変更されたことも注目される.

これまでHAへの補助金の配分は,現況の地域の住宅需要を指標化した住宅需要指標(Housing Needs Index)に基づいて決定されていたが,2002/03年以降,コーポレーションの地域事務所と政府の地域事務所(Regional Office)が中心となって策定する地域住宅供給方針(Regional Housing Statement)に基づいて決定されるようになった.地域住宅供給方針は,コーポレーションの策定した全国投資戦略(National Investment Strategy)に沿って策定される.その結果,補助金の配分は,これまでのように現状での住宅ニーズのみに依存するのではなく,住宅需要の長期的展望や,各地域の経済政策や都市計画方針との連携も考慮して決定されるようになった.

また,これまでは単年度ごとに補助金の配分を決定していたが,2004/05と2005/06の2年間については,実験的に2年間分の予算配分を一度に行うことになっている.ちなみにこの2年間は,これまで以上の予算増額が予定されている.この他,2004/05年からは,選抜されたHAに重点的に予算配分を行い,投資の効率的利用を促進するパートナー・プログラム契約(Partner Programme Agreement:PPA)も開始される.

補助金の配分以外にも,大量の住宅需要に対応するため,住宅産業との連携を図り,迅速かつ大量供給が可能な現代的建設工法(Modern Mothods of Construction:MMC)の採用が奨励されており,2004-06年には新規建設の25%がMMC技術を採用したものとなることが期待されている(Housing Corporation 2003c).

住宅問題は再び主要な政策的課題として取り上げられるようになり，補助金の増加も顕著であるが，一部の大規模HAを除いた大多数のHAは，生き残りをかけて一段と厳しい状況を強いられている．

第7節　模索するハウジング・アソシエーション

こうしたHAとそれをめぐる一般的な動向の中で，個々のHAが様々な独自活動を強めつつ，この流れを乗り切ろうとしている．より具体的なイメージとしてつかむため，独自の取り組みを展開している2つのHAを紹介しよう．

〈事例1：マーシャンHA〉

マーシャンHAは，所有住宅ストックが3,500ほどの中規模HAである．その活動は，賃貸住宅供給が主であったが，HAをめぐる活動環境が厳しくなるにつれ，独自に新規住宅開発を行うことが難しくなり，同じくバーミンガム市内に拠点をもつ中規模HAと共同で住宅開発会社を設立した．この会社は，2つのHAに代わって住宅開発を行い，そこからの利益を2つのHAに還元する．こうした開発会社を設立することによって，新規住宅開発や地域再生事業への参入を促進し，活動領域の拡大を試みつつある．バーミンガム市が位置する西ミッドランド地方が，住宅不足が問題となっている地域と住宅供給過剰になっている地域が混在しており，ここを基盤とするHAは，コミュニティ・プランと独自の活動方針がいかに関連しているかを見計らいながら，新たな事業獲得を狙っている．

また，マーシャンHAは2003年，バーミンガム市のアストン地区を対象として民間住宅の修繕補助を行ってきたART Homesという非営利団体を吸収することを決定した．これに伴い，住宅資金融資の業務にも着手することとなった．

ART Homesは，バーミンガム市からの補助を受けながら，持家に住む

低所得者や高齢者が自分の住宅を修繕するために必要な資金を低金利で融資していた。ところが，中央政府が民間住宅に対する改修補助制度を廃止したため，老朽住宅を改善するための融資が滞るようになった。バーミンガム市では，2010年までにすべての住宅を一定の水準（Decent Home Standard）にまで高めることが求められているという状況もあり，ART Homes の事業を独自に支援し，事業の対象をアストン地区だけでなく，市全体に拡大して，この目標を達成することとなった。ART Homes の事業拡大に当たって，それを支える受け皿が必要とされたことから，マーシャン HA がそれに名乗りを上げたのである。マーシャン HA は低コスト持家供給なども行ってはいたが，持家支援への本格参入は初めてであり，マーシャン HA の代表取締役は，この事業はマーシャン HA にとってひとつの大きな挑戦であると語っている。

〈事例2：ボーンビル・ビレッジ・トラスト〉

ボーンビル・ビレッジ・トラストは，1900年に設立された歴史の長い HA である。19世紀末にジョージ・キャドベリーがチョコレート工場をバーミンガム市内のボーンビル地区に移設したのに伴い，工場周辺の土地に工場労働者や地区住民が居住できる住宅を供給した。ボーンビル・ビレッジ・トラストは，それらの住宅を管理し，さらなる住宅供給を行うために設立された。現在，トラストの所有する住宅ストックは3,800ほどであるが，住宅以外にも潤沢な資産を有する。ボーンビル地区は，トラストが過去100年にわたって供給してきた質の良い住宅が建ち並び，豊かな緑とともに美しい町並みを保持している。ここは，持家とトラストが管理する社会賃貸住宅が混在しており，良好なコミュニティが形成され，居住者の居住地に対する満足度も他の地域と比較して高い。

トラストの基本的な活動は，住宅供給・管理およびコミュニティ育成であるが，そのほとんどがボーンビル地区で行われる。また，地区内に歴史的保全地区を含むため，バーミンガム市と協力しながら，建物や景観の保全も重要な活動のひとつとなっている。ゆえに，マーシャン HA など新興の HA

のように，複数の地域や自治体区にわたって活動を展開するHAとは，多少その組織的性格を異にする．

ところが，近年ボーンビル地区以外でも，その活動を展開するようになった．その兆候のひとつは，バーミンガム市の市街地再生事業への参画である．北部に位置するネイチェル地区におけるスポーツセンターの設置に関して，トラストの建築家の派遣や施設の運営支援を行うことになっている．また，バーミンガム市から「好ましいパートナー」の信望を得ることに成功し，今後も一層市内の地域再生事業に乗り出す構えを示している．

さらに，バーミンガム近郊のテルフォードでも，比較的大規模な新規住宅地開発を計画している．これは，トラストにとって，事実上初めてのボーンビル地区外への本格的な進出となる．

テルフォードは現在人口15万8,000人ほどの町である．地域衰退が憂慮されるミッドランド地方にありながら，過去10年ほど人口増加が著しく進んでおり（増加率約30％），住宅需要が高まっている．この状況に対応して，テルフォードの市街地から4kmほど離れた72haの土地に800戸ほどの新たな住宅供給を計画した．このうち25％が社会賃貸住宅として供給される．この開発のコンセプトは，「持続可能な開発」であり，所有関係の異なる住宅の混在化とそれに伴う社会的階層の混在居住を目指している．つまり，ボーンビル・ビレッジ・トラストがこれまでボーンビル地区で行ってきた住宅供給・管理をモデルとして，同じようなビレッジを新しくテルフォードに作ろうという計画なのである．

社会住宅の残余化が進行し，その問題解決に多大な資金と時間を費やしてきた経験を見る限り，こうしたトラストの試みは，社会住宅開発に新たな指針を示すものとなる可能性を秘めている．しかし，一方で，住宅市場の好況期に，一時的な人口増加に基づいた大規模新規開発を行うことは，多くのリスクを抱えることでもあり，今後の行方が気になるところである．

いずれにせよ，HAは，1990年代マルチプレイヤーに成長し，地方自治体の権限を縮小するための手段ではなく，今や地方自治体と協働・競争する

■ アフォーダブル住宅/低コスト住宅　　■ 市場価格住宅

出典：ボーンビル・ビレッジ・トラスト提供の資料．

図 8-4　土地利用計画と売却・賃貸別住宅配置計画のダイアグラム

地域にとって不可欠な住宅・地域サービス供給組織として活躍しつつある．その意味で，HA の動向は当面のイギリスの住宅政策の成否の鍵を握っていると言っても過言ではない．

注
1)　マルパスとミューリー（1999）やクラインマン（1998）らの議論．
2)　1999 年地方自治法によって制定され，2000 年に「Best Value in Housing

Framework」（DETR 2000c）が発行される．
3) ODPM のホームページおよびを参照．ホームページアドレスは下記の通り．
http://www.odpm.gov.uk/stellent/groups/odpm_housing/documents/page/odpm_house_601895.hcsp＃P 13_947，（2004 年 10 月）．http://www.odpm.gov.uk/groups/odpm_localgov/documents/pdf/odpm_locgov_pdf 605468.pdf，（2004 年 10 月）
4) サービスが劣等であれば，3 段階評価に達しない場合もある．
5) このパートナーシップにはプロジェクトのフロア・ターゲット（最低到達目標）の設定や地域再生戦略（Local Strategic Renewal Strategy）の策定が求められるようになった．
6) アフォーダブル住宅の不足が深刻な地域では，RTB の行使が一時制限されたり，割引率が引き下げられたりした．
7) 1 次購入者対策とは，都市部で働く中核労働者（教師や警察官，看護士など）で，かつ住宅を初めて購入しようとする者を対象に，低金利のローンを供給したり，HA に補助金を交付したりして，彼らにとってアフォーダブルな価格の住宅を供給するための対策．地域ごとに窓口が設けられており，その窓口業務のほとんどを HA が担っている．
8) 10 億ポンドの予算については，ロンドンだけでなく南東部の予算も含まれている．
9) 住宅市場再生対策は，全国で 9 つの地域が指定されている．地域ごとに問題の様相が異なることから，9 つの地域で独自の具体的な対策が作られることとなり，それは現在作成中の段階である．
10) 行政改革によって，住宅を管轄していた省は，DoE (Department of Environment)，DETR (Department of Environment, Transports and Regions)，DTLR，ODPM と移行した．
11) Whitehead. C and Mershall. D が，コーポレーションの収集した 2002 年の Regulatory and Statistical Return Survey（RSR）の結果をもとにして調査した結果．

参考文献

Barker, Kate (2003) *Review of Housing Supply, Securing our Future Housing Needs, Interim Report-Analysis*, HMSO.
———(2004) *Review of Housing Supply, Delivering Stability : Securing our Future Housing Needs, Final Report-Recommendations*, HMSO.
Balchin, Paul (1995) *Housing Policy, An Introduction*, Edition Three, Routledge.
Best, Richard (1991) "Housing Associations : 1890-1990", in Lowe, Stuart and Hughes, David (eds.) *A New Century of Social Housing*, Leicester University Press.
———(1997) "Housing Associations ; the sustainable solution ?" in Williams, Peter (ed.) *Directions in Housing Policy*, Paul Chapman Publishing.
Birmingham City Council (1993) *Lee Bank Improvement*, Birmingham City Council.
———(1997) *The Offer-Formal Consultation Document on the Transfer of Benmore Estate, Cleverland and Clydele Towers, Five Ways, Lee Bank and Woodview Estates*, Birmingham City Council.
Bramley, Glen (1997) "Housing policy : A Case of Terminal Decline ?" *Policy and Politics*, vol. 25, no. 4, pp. 387-407.
Bramley, Glen, and Munro, Moira et al. (2004) *Key Issues in Housing, Policies and Markets in 21st-Century Britain*, Palgrave Macmillan.
Centre for Urban and Regional Studies (1995) *The Single Regeneration Budget : The Stocktake*, CURS, School of Public Policy, University of Birmingham.
———(1996) *The Single Regeneration Budget a Review of Challenge Fund Round*, CURS, School of Public Policy, University of Birmingham.
Chartered Instituted of Housing (1995) *Good Practice guide on Local Housing Company*, CIH.
———(1996) *Local Housing Companies*, Housing, Vol. 32, No. 7, pp. 35-36.
Clapham, David, Evans, Angela, and the Chief Officers of 65 housing associations (1998) *From Exclusion to Inclusion*, Hastoe Housing Association.
Cope, Helen (1990) *Housing Associations, Policy and Practice*, Macmillan.
———(1999) *Housing Associations, the Policy and Practice of Registered Social Landlord*, Second Edition, Macmillan.
Cowan, David and Marsh, Alex (2001) "Analysing New Labour Housing Policy", in

Cown, David and Marsh, Alex (eds.) *Two Steps Forward : Housing Policy into the New Millennium*, the Policy and Press.

Department of Environment (1987) *Housing and Construction Statistics*, DoE.

———(1996) *Single Regeneration Budget Challenge Fund Round One and Two Schemes*, HMSO.

Department of the Environment, Transport and Regions (1997) *Single Regeneration Budget Challenge Fund Round 3 Successful Bids*, HMSO.

———(1998a) *Housing and Construction Statistics 1987-1997 Great Britain*, TSO.

———(1998b) *Single Regeneration Budget Challenge Fund Round 4 Successful Bids*, DETR.

———(1998c) *1998 Index of Local Deprivation-A Summary of Result-*, DETR.

———(1998d) *New Deal for Community*, DETR.

———(1999a) *DETR Annual Report, the government's Expenditure Plans 1999-2000 to 2001-02*, HMSO.

———(1999b) *Press Note, News Release 222*:11 March 1999, DETR.

———(1999c) *Press Note, Press Notice 1160*:7 December 1999, DETR.

———(1999d) *Best Value in Housing Framework* : Consultation paper, DETR.

———(2000a) *Quality and Choice : A Decent Home for All-Housing Green Paper*, DETR.

———(2000b) *Press Note, Press Notice 185* : 16 March 2000, DETR.

———(2000c) *Best Value in Housing Framework*, DETR

Evans, Richard (1998) *Housing Plus and Urban Regeneration, what works, how, why and where ?*, Liverpool John Moores University and Housing Corporation.

Foyer Federation (1997a) *A Guide to Business Planning for Foyer*, Foyer Federation.

Foyer Federation (1997b) *Revenue funding for Foyer*, Foyer Federation.

Foyer Federation (1999) *Foyer Directory*, Foyer Federation.

Foyer Federation (2004) *Opening Doors*, Spring 2004, Foyer Federation.

Gibb, Kenneth, and Munro, Moira et al. (1999) *Housing Finance in the UK, An Introduction, Second Edition*, Macmillan.

Greater London Authority (2003) *Housing in London* 2003, GLA.

Harloe, Michael (1995) *The People's Home ? : Social Rented Housing in Europe & America (Studies in Urban and Social Change)*, Blackwell.

Harriott, Stephen and Mathews, Lesley (1998) *Social Housing, An Introduction*, Longman.

Holmans, Alan (1987) *Housing Policy in Britain*, Croom Helm.

Housing Corporation (1996a) *23a Research Registered Social Landlords in 1996*

　　　　general report, Housing Corporation.
――――(1996b)　*Housing Corporation Circular F1-34/96, Innovation and Good Practice Grant General Determination 1996*, Housing Corporation.
――――(1997)　*Housing plus approach to achieving sustainable communities*, Housing Corporation.
――――(1998a)　*Investment Report 1997/98*, Housing Corporation.
――――(1998b)　*Making Connections Annual Review 1997/98*, Housing Corporation.
――――(1998c)　*Directory of Registered Social Landlord*, Housing Corporation.
――――(1999a)　*Regulating Diversity*, Housing Corporation.
――――(1999b)　*Regulating a diverse sector*, Housing Corporation.
――――(1999c)　*Best Value for Registered Social Landlord*, Housing Corporation.
――――(2001)　*Investment report 1999/2000*, Housing Corporation.
――――(2002)　*The way forward, our approach to regulation*, Housing Corporation.
――――(2003a)　*Inspection Report, Optima Community Association Limited*, Housing Corporation.
――――(2003b)　*Investment Bulletin 2003/2004*, Housing Corporation.
――――(2003c)　*National Investment Policy 2004/05-2005/06*, Housing Corporation.
――――(2004)　*Investment report 2002/03*, Housing Corporation.
Karn, Varerie (1993) "Remodelling a HAT: the Implementation of the Housing Action Trust Legislation 1987-92", in Malpass, Peter and Means, Robin (eds.) *Implementing Housing Policy*, Open University Press.
Kaufman, Moritz (1907) *The Housing of the Working Classes and the Poor*, T. C. & E. C. Jack
Kemp, Peter (1993) "Rebuilding the private rented sector?", in Malpass, Peter and Means, Robin (eds.) *Implementing Housing Policy*, Open University Press.
――――(1997) "The characteristics of single homeless people in England", in Burrows, Rodger et al. (eds.) *Homelessness and Social Policy*, Routledge.
Kleinman, Mark (1998) "Western European Housing Policies Convergence or collapse?", in Kleinman, Mark, et al. (eds.) *European Integration and Housing Policy*, Routledge.
Lee, Anthony and Tunstall, Rebecca et al. (1999) "*Local Housing Companies: A New Kind of Partnership—the fortunegate Experience*", London School of Economics, London University.
Lee, Peter and Murie, Alan (1999) "Spatial and Social Divisions within British Cities: Beyond Residualisation", *Housing Studies*, Vol. 14, No. 5, pp. 625-640.
Leather, Philip and Mackintosh, Sheila (1993) "Housing renewal in era of mass

home ownership", in Malpass, Peter and Means, Robin (eds.) *Implementing Housing Policy*, Open University Press.

Lund, Brian (2002) "Safe as houses? Housing policy under New Labour", in Powell, Martin (ed.) Evaluating new Labour's Welfare Reform, the Policy Press.

Malpass, Peter and Murie, Alan (1999) *Housing Policy and Practice*, 5 th edition, Palgrave Macmillan.

Malpass, Peter (2000) *Housing Associations and Housing Policy : A Historical Perspective*, Palgrave Macmillan.

Marsh, Alex and Riseborough, Moyra (1998) "Expanding private renting : flexibility at a price?" in Marsh, Alex and Mullins, David (eds.) *Housing and Public Policy, Citizenship, Choice and Control*, Open University Press.

Mullins, David (1997) "From regulatory capture to regulated competition", *Housing Studies*, vol. 12, pp. 301-319.

――――(1998) "More choice in social rented housing?", in Marsh, Alex and Mullins, David (eds.) *Housing and Public Policy*, Open University Press.

――――(2000) "Social Origins and Transformations : The Changing Role of English Housing Associations", *International Journal of Voluntary and Nonprofit Organizations*, Vol. 11, No. 3, pp. 255-275.

Mullins David, and Niner, Pat et al. (1993) "Large-scale voluntary transfers", in Malpass, Peter and Means, Robin (eds.) *Implementing Housing Policy*, Open University Press.

Mullins, David and Riseborough, Moyra (1997) "Managerial strategy and organizational purpose, how housing associations are responding to their move from the margin to mainstream", in Mullins, David and Riseborough, Moyra (eds.) *Changing with the Time*, occasional paper 12, School of Public Policy, University of Birmingham.

National Audit Office (2003) "*Improving Social Housing through Transfer*", The Stationery Office.

National Federation of Housing Association (1991) *Inquiry into British Housing*, Joseph Rowntree Foundation.

――――(1995) Housing Association as Management Agents, NFHA.

National Housing Federation (1998) *Regeneration and communities*, NHF.

Nevin, Brendan, and Loftman, Patrick et al. (1997) 'Cities in crisis-is growing the answer?-', *Town Planning Review*, Vol. 68, No. 2, pp. 145-164.

Nevin, Brandan, (1999) *Housing Company Progress and Problems*, Joseph Rowntree Foundation.

Office for Deputy Prime Minister (2003a) Housing Statistics 2003, TSO.

――――(2003b) *Sustainable Community, Building for the Future*, http://www.

odpm.gov.uk/stellent/groups/odpm — communities/documents/pdf/odpm comm_pdf_022184.pdf よりダウンロード.

Optima Community Housing (2003) *Annual Report 2002/2003*, Optima Community Association.

Pollard, Sidney (1992) *The Development of the British Economy 1914-1990*, Fourth Edition, Edward Arnold.

Power, Anne (1993) *Holvels to High Rise, State Housing in Europe since 1850*, Routledge.

────(1997) *Estates on the Edge, The Social Consequences of Mass Housing in Northern Europe*, Macmillan.

Quilgars, Deborh and Anderson, Isobel (1995) *Foyers for young people : Evaluation of a pilot initiative*, Centre for housing policy, University of York.

────(1998) "Addressing the problem of young homelessness and unemployment : the contribution of foyers", in Burrows, Roger et al. (eds.) *Homelessness and Social Policy*, Routledge.

Randolph, Bill (1993) "The re-privatization of housing associations", in Malpass, Peter and Means, Robin (eds.) *Implementing Housing Policy*, Open University Press.

Ravertz, Alison (2001) *Council Housing and Culture History of a Social Experiment*, Routledge.

Raynsford, Nick (1992) "Arm's length companies, an option for local authority housing", *Housing Review*, Vol. 41, No. 2, March-April, pp. 26-28.

Riseborough, Moyra (1998) *Social Housing Landlords and Housing Plus*, discussion paper, Joseph Rowntree Housing Trust.

Smith, Paula and Paterson, Bob (1999) *Making it All Add up Housing Associations and Community Investment*, Joseph Rowntree Foundation.

Spencer, Ken, Mullins, David and Walker, Bruce (1995) *Voluntary Housing today and tomorrow*, occasional paper 1, School of Public Policy, University of Birmingham.

The Stationary Office (1998) *Local Housing Statistics England and Wales*, No. 127, June Quarter 1998, TSO.

Training and Accommodation Network for Young People (1996) *An Evaluation of Foyers*, 出所不明.

Ward, Collin (1997) *Havens and Springboards -the Foyer movement in Context-*, Calouste Gulbernkian Foundation.

White, Jerry (1992) "Business out of charity" in Grant, Carol (ed.) *Built to Last? Reflections on British housing policy*, ROOF.

Wilcox, Steve (1997) *Housing Finance Review 1997/1998*, Joseph Rowntree

Foundation.
―――(2002) *UK Housing Review 2002/2003*, Joseph Rowntree Foundation.
Wilcox, Steve and Bramley, Glen et al. (1993) *Local Housing Companies, New Opportunities for Council Housing*, Joseph Rowntree Foundation.

駒村康平 (1999)「マクロ経済と雇用政策」, 武川正吾・塩野谷祐一編『先進諸国の社会保障1 イギリス』東京大学出版会.
高橋哲雄 (1996)『イギリス歴史の旅』朝日選書, 朝日新聞社.
豊永郁子 (1998)『サッチャリズムの世紀―作用の政治学へ―』創文社.
毛利健三 (1999)『現代イギリス社会政策史 1945～1990』ミネルヴァ書房.
堀田祐三子 (2003)『居住空間の再生とコミュニティ・マネジメント』, 大泉英次・山田良治編『空間の社会経済学』日本経済評論社.
山田良治 (1996)『土地・持家コンプレックス―日本とイギリスの住宅問題―』日本経済評論社.
湯沢威 (1996)『イギリス経済史―盛衰のプロセス』有斐閣ブックス.
横山北斗 (1998)『福祉国家の住宅政策―イギリスの150年』ドメス出版.

あとがき

　1994年以降，オックスフォード等での2度の短期滞在を経て，96年の夏，私はバーミンガム大学に留学する機会を得た．これが私のイギリス住宅政策研究の始まりである．いや，正確には研究というより，勉強を始めたというべきだろう．恥ずかしながら，それまで私はイギリスどころか日本の住宅政策についてすら十分な知識を持っていなかったのである．英語に関しても住宅政策に関しても，ほとんどゼロからのスタートとなった．

　言葉や文化の違いから生じる問題に，最初はかなり苦しんだ．しかし，時間の経過とともにそうした困難も次第に楽しめるようになり，すっかりイギリスという国が大好きになってしまった．

　そんなイギリス生活の中でも私の一番の楽しみだったのが，指導教員であったクリストファー・ワトソン先生との個別ゼミであった．ゼミでは，私の修士論文のテーマとなったハウジング・アソシエーションの活動を中心に，住宅政策について，日本の事情と比較しながらの議論を行った．彼は私のたどたどしい英語に辛抱強く耳を傾け，的確な情報や調査の機会を提供するとともに，常に私の研究を支え続けてくれた．彼とともに，アラン・ミューリー，リチャード・グローブ，ピーター・リー，デイビッド・ミュリン，モイラ・ライズバラなど，多くの先生方から温かい励ましや勉強の機会を与えていただいた．こうした素晴しい教員が揃ったバーミンガム大学で実り多い学生生活を送ることができたことは，私にとってかけがえのない経験となった．

　ところで，当初オックスフォードの印象が強かったせいか，陰鬱な雰囲気のあったバーミンガム市に対する第一印象は相当ひどいものであった．しかし，一歩その中に足を踏み入れてみると，バーミンガム市は，街全体が大変

魅力的な都市・住宅問題研究のフィールドであり，数多くの研究材料が街のいたるところに溢れていた．都市再生事業の効果や好景気の影響もあって，私が行き来する数年の間に街は，驚くほどその姿を変化させた．また，そこにはマーシャン・ハウジング・アソシエーションなど，多様な活動を展開しているHAが多く存在しており，バーミンガムは私の研究のフィールドとして最適な街だったのである．結果として，たまたま留学した先がバーミンガム大学であったから，私はイギリスの住宅政策を面白いと思い，そしてハウジング・アソシエーションに興味を持ち，研究の道を歩むようになったのである．

　帰国後，私は神戸大学でイギリス研究を継続することとなった．神戸大学の塩崎賢明教授を含む文部省の国際研究グループのメンバーがバーミンガム大学を訪問された際の出会いがきっかけとなり，神戸大学大学院博士後期課程へ進学することとなったからである．

　神戸での研究生活も刺激的であった．この国際研究グループには，内田勝一（早稲田大学），中島明子（和洋女子大学），鈴木浩（福島大学），渡名喜庸安（愛知学泉大学：当時）各教授などが参加されていたが，そこでの議論もまた，私の研究活動を強く鼓舞するものであった．

　さらに，関西に在住した結果，関西住宅会議の会員が中心となって運営されている住宅政策研究会に参加する機会に恵まれたが，このメンバーの方々からも多大な影響と刺激を受けた．特に，和歌山大学経済学部の山田良治教授には，本書の前半部分である，ハウジング・アソシエーションの歴史的展開過程に関して多くのご示唆をいただくとともに，常識や通説に囚われない教授の柔軟な発想に大きな影響を受けた．

　そして何よりも，研究の場を提供してくださり，私の稚拙な研究の歩みに対して忍耐強くご指導くださったのは塩崎教授である．教授の常に冷静に物事を捉えようとする姿勢，そして現場主義を貫く姿勢から研究者としてのありようを学んだ．また博士論文を提出した直後から，熱心に出版を勧めてくださったのも塩崎教授であり，そのご支援がなければとても本書の出版には

至らなかったであろう．

　いちいちお名前を記すことは省かせていただくが，私は神戸でも多くの方々に育てられ，助けられ，支えられてきた．私が今，こうして本書を取りまとめることができたのも，そして何より大好きなイギリスの研究を続けていられるのも，これまで私をご指導・ご支援くださった方々のおかげであると心から感謝している．

　本書の出版は，(財)住宅総合研究財団からの出版助成により実現するものである．また，出版に際しては日本経済評論社の清達二氏に大変お世話になった．ここに記して感謝の意を示したい．

　最後に，苦労を厭わず常に笑顔で私を見守り，支えてくれた母へも「ありがとう」の言葉を伝えたい．

索　引

欧文

ALMO　153, 193, 202
BES　80-1, 83
CBHO　155
CIH　129-30
ERCF　118-20, 122-9, 131-9, 141-6, 153-4
HAG　58, 87-90, 98, 187
HAT　79, 85-6, 91, 93, 104-5
IGP　110-1, 115
ILD　108-9, 168
LSVT　65, 79, 83-6, 90, 118-21, 123, 125-9, 131-40, 153, 204
LHC　6, 117, 127-41, 144, 146, 151-2, 154
NAO　124-5, 151, 153-4
NDC　197-8
NFHA　8, 39-40, 70, 94
NFHS　8, 37-9, 48
NHF　39
PUS　7, 20, 36
PFI　153, 193, 202
RDA　198, 201-2
RSL　7
RTB　60, 63-6, 70-2, 74-8, 83-6, 90-1, 121, 192, 202
SHG　175-6
SHMG　97
SRB　100, 105, 107-9, 124, 134, 150, 175-6, 178, 196-8
TCI　88-9, 93
TIC　58, 88-9
TUPE　139
YMCA　157, 162-3, 165-9

あ行

アカウンタビリティ　111, 121, 123, 127, 131, 139-41, 151, 152, 205
アクロイドン　18
アディソン法　26-9, 31-3
アトリー政権　40
アフォーダビリティ問題　76-7, 202
アフォーダブル住宅　200, 207, 212
アンウィン，レイモンド　17, 19, 32, 52
移管事業登録部　124
一般改善地域（GIA）　42
イネイブラー　123, 152-3
インナーエリア　14, 18, 37, 39, 106
インナーシティ　51, 98
ウィトリー法　29-31
ウィルソン政権　57
エンゲルス，フリードリッヒ　9
王立委員会　20, 23, 130
オプティマ・コミュニティ・アソシエーション（オプティマ）　132, 140, 146-50

か行

階層分化　203, 204
課徴金　119-20, 124
過密居住法　36
簡易宿泊所　170-1
規制緩和　60, 68, 87
ギネス・トラスト　13, 33, 52
キャピタルゲイン　66, 76
救貧院　11-4, 22, 39
競争入札制度　105, 194
居住不適格　82, 120
近隣（地区）再生　199, 202

グリーンウッド法　34-5
クロス法　10, 20, 23
建設統制　22
現代的建設工法　207
公営住宅移管事業　6, 65, 85, 111, 117-9, 121-5, 127, 129, 131, 133-5, 137-41, 143-4, 146-7, 150-5, 189, 192-3, 204
工業村　12, 17-9
公共支出　29, 57, 60, 62, 69-70, 77, 119, 121, 192-3
公共事業
　——融資委員会　27, 32, 41, 52
　——融資理事会　19
　——協会　7, 20, 36
公共部門借入需要額　84
公衆衛生法　10
公正家賃　45, 50, 52, 56-7, 69, 80-1, 87, 89
購入権　60, 63-6, 70-2, 74-8, 83-6, 90-1, 121, 192, 202
公的補助　2, 8, 34, 58, 87, 94, 96, 109, 121-2, 140, 176, 205
コ・オーナーシップ　48-52
コストレント　48-52
コミュニティ
　——育成　18, 97, 101-2, 114-5, 151, 202, 209
　——再生　127
　——支援基金　199
　——施設　17, 99-100
　——ビジネス　100-1
混合融資制度　87, 90

さ行

財産所有民主主義　5, 70, 93
サッチャリズム　158
サッチャー政権　1, 2, 5-6, 55, 60, 63-4, 67-8, 70, 72-3, 78, 91, 106, 117
サポート付き住宅　97
産業共済組合　20, 23, 27, 154
残余化　74, 78, 92, 103, 105-6, 130-1, 184, 191, 210

シェイプ・グループ　179
シェイプHA　179
シェルター　52, 161-2, 178, 187
事業拡大スキーム（BES）　80-1, 83
市場家賃　20, 69, 73, 112, 114
慈善事業トラスト　4, 11-6, 20-1, 36, 39, 52
資本の収入主導策　192-3
社会住宅　2, 6-8, 52, 73, 87, 90-2, 94, 104-5, 112, 114, 117, 127, 131, 153-4, 175-6, 184, 190-1, 193, 201, 203, 210
社会的排除　1, 8, 95, 114, 117, 143, 149, 157-9, 161, 189, 192, 196-8
若年ホームレス　6, 158-61, 169, 172
シャフツベリー法　10
住居
　——財政法　50, 56
　——統合法　84
　——法　5, 7, 19, 25, 29, 35-6, 42, 57, 59, 69, 73, 80, 83-4, 87, 89-90, 93, 95, 98, 110, 114-5, 118, 131, 158-9
住宅
　——政策の終焉　189-91
　——アクション地域（HAA）　42, 59
　——会計　56, 60-1
　——改善　2, 11, 14, 35-6, 38-9, 47, 51, 59, 100, 105-6, 118, 132-5, 147-53
　——管理会社（ALMO）　153, 193, 202
　——管理協会（CIH）　129-30
　——給付　66, 77, 80-1, 90, 92, 118-9, 160, 177, 184, 190-1
　——金融　34, 64, 68, 75, 190
　——組合　33, 46, 49, 68, 75, 87
　——コンディション調査　82, 120
　——支出　57, 60-1
　——市場再生対策　202, 212
　——事業トラスト（HAT）　79, 85-6, 91, 93, 104-5
　——投資事業計画　61
　——復興　26, 28
　——緑書　127, 193
住宅・都市計画法　20, 26

自由党　26, 30
住民（居住者）参加　111, 123, 131, 135, 137-8, 140-1, 151, 153, 195
住民投票　85, 122, 141, 145-6, 154
自立支援施設　6, 157
準政府組織　85
親善協会法　20
スラム・クリアランス　10-1, 20, 33-5, 42-3, 46-7, 51, 68
全国
　――監査局（NAO）　124-5, 151, 153-4
　――住宅連合（NFH）　39
　――投資戦略　207
　――ハウジング・アソシエーション連合（NFHA）　8, 39-40, 70, 94
戦略的役割　123, 193
総合基準費用（TIC）　58, 88-9
ソルティア　18

た行

短期賃貸借　69, 80, 93
団地アクション事業　143, 155
地域
　――開発公社（RDA）　198, 201-2
　――減退指標（ILD）　108-9, 168
　――再生　106, 110, 124, 127, 132, 134-5, 149, 151, 157, 179, 186, 197, 201, 208, 210, 212
　――住宅会社　6, 117, 127-41, 144, 146, 151-2, 154
　――戦略パートナーシップ　198
小さな政府　1, 60, 70, 77, 81
チェンバレン法　29-31, 52
地方政府および住居法　85, 138
チャドウィック、エドウィン　9
中央非営利組織会議　35-6
中央融資局　35-6
中核労働者　113, 200, 202, 212
中産階級　11, 16, 66
直接供給　3-4, 10, 25-6, 40, 66, 123
低家賃住宅　8, 73, 92, 104, 114

テナント・チョイス　65, 83, 85
田園都市　11, 16-7, 19-21, 39, 52
　――計画協会　38-9
　――構想　15, 18-9, 27, 32
都市
　――開発公社　106
　――再生事業　95, 99, 105, 108-9, 124, 175, 178, 190, 199
　――再生政策（対策）　106-7, 114, 189, 192, 196-8
　――整備理事会　20
トレンズ法　10

な行

二極化　69, 75, 78, 95, 130, 190-1
入居待機者リスト　59
ニューイヤーズウィック　19
ニュータウン　42
ニュー・ディール・フォー・コミュニティ（NDC）　197-8

は行

払い下げ　45, 63-5, 71-2, 75, 78, 90-1
ハワード、エベネザー　16-7, 32
バンダリズム　74, 104, 106, 159
非営利組織全国連合（NFHS）　8, 37-9, 48
費用総合指標（TCI）　88-9, 93
ピーボディ　13
ヒル、オクタビア　11, 15, 37
貧困の罠　77, 92
フォイヤー連盟　6, 161-5, 167, 187
副首相府（ODPM）　203
福祉国家　1, 56, 60, 93
ブラウン、ゴートン　203
ブレア政権　6, 120, 123-4, 168, 189, 191-2, 194, 196-7, 199, 203
プレスコット、ジョン　203
包括的都市再生予算（SRB）　100, 105, 107-9, 124, 134, 150, 175-6, 178, 196-8
保証賃貸借　69, 80, 89, 93

ポートサンライト 18-9
ホームレス
　——支援団体 165-7, 179, 187
　——問題 106, 157-9, 168
ボーンビル 18, 209-10
　——ビレッジ・トラスト 18-9, 209-11

ま行

マルパス，ピーター 3, 20, 22-3, 36, 39, 50, 76, 211
ミューリー，アラン 76, 211
民営化 1, 6, 60, 117, 127, 130-1, 151-2
民間
　——資金主導策 153, 193, 202
　——賃貸住宅（市場・セクター）の再興（復興・再生）4, 45, 47-8, 50, 59-60, 68-9, 91, 98
　——賃貸住宅市場の活性化 45, 51, 83
　——家主 22, 28, 48, 69, 79
　——融資 88, 90-1, 122, 146, 151, 166, 176
メージャー政権 6, 106-7, 122
持家
　——化 2, 28, 44, 48, 65, 68, 72-3, 78-9, 83-4, 106
　——建設 43, 68, 70-1
　——志向 46, 65, 92

　——取得 1, 2, 5, 44, 46, 66-8, 70, 83, 190-1
　——奨励 44, 60, 72
　——政策 3
　——嗜好 60
モデル住宅会社 11, 14-6, 19-21, 23, 39

や行

家賃
　——ストライキ 22
　——事務所 52, 89
　——統制 4, 22, 26, 28, 33, 45, 68-9, 79
　——保証 118, 148
ユートピア 17
ヨーロッパ社会基金 178

ら行

ライズバラ，モイラ 99
リーヴァ，ウィリアム 19
リビングストン，ケン 200
レインスフォード，ニック 130
老人養護施設 113
労働者階級住居法 10
労働者階級 2, 9-10, 14, 16-7, 19-21, 25, 27-8, 30, 32, 34, 37, 41, 44, 46, 49-50, 52, 68, 74-6
ロウンツリー（財団）19, 130, 154

著者紹介

堀田 祐三子(ほりた ゆみこ)
神戸大学大学院自然科学研究科助手．工学博士（神戸大学）．1972年生まれ．2001年神戸大学大学院自然科学研究科博士後期課程修了，同年日本学術振興会特別研究員．2002年より現職．
[主著]『空間の社会経済学』（分担執筆）日本経済評論社，2003年

E-mail: yumile@kobe-u.ac.jp

イギリス住宅政策と非営利組織

2005 年 3 月 10 日　第 1 刷発行

定価(本体 4200 円＋税)

著　者　堀　田　祐 三 子
発 行 者　栗　原　哲　也
発 行 所　株式会社 日本経済評論社
〒 101-0051 東京都千代田区神田神保町 3-2
電話 03-3230-1661　FAX 03-3265-2993
振替 00130-3-157198

装丁＊渡辺美知子　　　　　　中央印刷・協栄製本

落丁本・乱丁本はお取替えいたします　Printed in Japan
Ⓒ HORITA Yumiko 2005
ISBN 4-8188-1749-X

Ⓡ〈日本複写権センター委託出版物〉
本書の全部または一部を無断で複写複製（コピー）することは，著作権法上での例外を除き，禁じられています．本書からの複写を希望される場合は，日本複写権センター（03-3401-2382）にご連絡ください．

イギリス都市史研究―都市と地域―
イギリス都市・農村共同体研究会，東北大学経済史・経営史研究会編　定価 6615 円

都市化の比較史―日本とドイツ―
今井勝人・馬場哲編著　定価 5985 円

近代日本都市史研究
大石嘉一郎・金澤史男編著　定価 12600 円

空間の社会経済学
大泉英次・山田良治編　定価 3360 円

現代都市再開発の検証
塩崎賢明・安藤元夫・児玉善郎編　定価 3675 円

英国住宅物語―ナショナルトラストの創始者オクタヴィア・ヒル伝―
E.M. ベル／平弘明・松本茂訳　定価 2940 円

土地・持家コンプレックス―日本とイギリスの住宅問題―
山田良治　定価 2415 円

イタリア社会的経済の地域展開
田中夏子　定価 3885 円

社会的企業―雇用・福祉の EU サードセクター―
C. ボルザガ & J. ドゥフルニ編／内山哲朗・石塚秀男・柳沢敏勝訳　定価 8610 円